ちくま新書

成熟日本への進路

――「成長論」から「分配論」へ

波頭 亮
Hatoh Ryo

JN264113

847

成熟日本への進路【目次】

Ⅱ　経済政策の転換　079

まえがき

近年目にしたアンケート調査で心に引っかかったものが二つある。

「自分は幸せだ」と思う人の比率が世界一のデンマーク。

「自力で生活できない人を国が助けてあげる必要はない」と思う人の比率が世界一の日本。

なぜこんなにも違うのか。

そもそもデンマークは税金が高くて、所得の七割以上も取られると聞く。なのになぜ、国民は自分のことを幸せだと言えるのだろうか。どんな生活をして幸せを感じているのだろうか。

一方、日本人は弱者に対してなぜこんなに冷たいことが言えるのか。そう言えば高齢者は増えているのに、社会保障費は毎年削られて来た。弱い者や年寄りは見捨ててしまえばいいとする国なのか。

もう一つ最近の政治に対する論調で気になることがある。

新聞も週刊誌の特集も、テレビのコメンテーターも、成長論が見えない、経済成長の戦略が示されていないとばかり騒いでいる。なぜそんなに経済を成長させたいのか。

弱者や老人を見捨ててしまえと思っている一方で、やっきになって経済を成長させて何をどうしたいというのか。

デンマークの一人当りの所得は日本の一・六倍の水準である。日本人もデンマーク並みの所得を得られるようになったら、弱者は助けてあげるべきだと思えるようになるのだろうか。

実は、デンマークが今の日本並みの所得水準だった時も、デンマーク人は七〇%の税金を払い、社会的弱者に対しては手厚い社会保障を供与していた。この事実を見ると、弱者を放っておいて、成長、成長と言う国民は、所得がもっと増えたとしても、税金の負担が増えても構わないから、弱者を救うべきだとは思わない気がする。成長、成長と言いながら社会保障費をカットしているような国は、デンマークのように国民が胸を張って自分は幸せだと言える社会には決して近づいていけないだろう。

ちなみに、日本以外の国で「自力で生活できない人を国が助けてあげる必要はない」と答える人の割合が一〇%を超えている国はアメリカ以外にはない。ドイツもイギリスもフランスもイタリアもスペインも中国もインドも、豊かな先進国でも、貧しい発展途上国でも、弱者は見捨ててもし方ないと思う人の割合は、どの国でもだいたい10％弱。これが普通の人の心というものであろう。

アメリカは自由と自己責任の国なので社会の勝負は弱肉強食である。そのアメリカですら二八％。日本の三八％と比べるとかなり低い。それに、アメリカは自力で生活できない人を国が助けてあげているわけではないが、寄付の金額は世界一である。一人当りで見ればアメリカの人達は日本人の四〇倍も寄付をしている。国は助けてあげなくても、裕福な人がちゃんと寄付をして恵まれない人を助けてあげているのである。

ちなみに、日本人の寄付金の額は世界一少ない。貧困による自殺者の数も世界一である。寄付はしない。弱者を救う必要はない。今、大事なのは経済成長だ。ダム建設は続行しろ。空港をもっと造れ。

日本はこんなことで本当に大丈夫か。

とにかく経済を成長させろと言っているけど、冷静に考えると残念ながらそれはもう難しい。経済を成長させる方程式というのがあって、ヒトが増えるか、カネが増えるか、賢くなるか、この三つのうちのどれかが満たされなければ経済成長は成立しない。人口はどんどん減っていっているし、個人金融資産も減り始めた。なのに愚かにも経済効果が無いと実証済みのダムや空港を今だに造っているようでは、成長どころか低迷に拍車がかかるだけなのである。

うんざりするような今の日本社会の歪んだ姿だが、実はこんなことは、国民はちゃんと分かっている。だからこそ「コンクリートからヒトへ」と謳った民主党が国民的コンセンサスを得て六〇年ぶりの政権交代が起こったのだ。

なのに政権が始まった途端に起こったのは「ダム建設を止めるな」のシュプレヒコール。子供手当ての財源に苦労しているのに、赤字が確実な空港がまた一つ開いた。国民は賢く日本の進むべき道を理解していて、正しく「コンクリートからヒトへ」投票したのに、一体誰が、ダムを推進したり、空港を開けたりしているのだろうか。なぜ今だに経済成長、経済成長と言い続けるのだろうか。

国民は賢く国がなすべきことを選んでいるのに、国は国民の意志と期待に応えていない。

と言うことは、国民が「自力で生活できない人を国が助けてあげる必要はない」と思うのは、弱者に厳しいのではなくて、「国」を信用していないだけなのかもしれない。

そう言えば、当り前のように感じたために心に引っかからなかったアンケート調査があった。「自分達によいことをしてくれていますか」という質問に対して政府に○をつけた人は五〇%に過ぎなかった。つまり国民の半分は国に信頼をおいていないということだ。

政府は今だに「国民には知らしむべからず、依らしむべし」でやっていけると思っているのだろうか。そうだとすれば呑気なものである。国民の投票結果を見よ。ダム建設強行に対する数十万通にも及ぶ反対メールの数を見よ。

こんな政治を続けていては、国民は弱者に優しくなれないし、国も政治も信用できないまま日本は奈落の底まで落ちてしまう。

既に下降局面に入った日本はヴィジョンを差し替えたり、経済政策を転換したり、生活の優先順位を入れ替えたりしないと、社会はどんどん暗く沈滞していく。国民が自分は幸せだと思える国を作るにはどうすれば良いのか。

こういった問題意識やメッセージを以て本書を書こうと思った。このままでは、日本という国は国民が求める社会の方向へ進んで行けそうにない。

国民が幸せだと思える社会の姿を考え、そうした社会を目指すための政策を検討し、その政策を実行するための社会のしくみを示すのが本書の目的である。

なぜ成長を目指すことが愚かなのか。

なぜ無駄使いばかりしながら財源がないと言うのか。

なぜ民主主義政治の国でありながら、国民が求めることが実現しないのか。

そして、どうすればこれらの問題を解決することができるのか。どうすれば国民が自分は幸せだと言える社会を築くことができるのかについて、明快に示したい。

Ⅰ　二一世紀日本の国家ヴィジョン

一　国家ヴィジョンの不在

今日本で最も求められているのが、新しい国家ヴィジョンである。

昨年の総選挙によって歴史的とも言える政権交代が実現し、新しい時代の新しい社会を目指す政治が始まるかのように思われた。実際、事業仕分け等によって政策や事業の決定プロセスが可視化されたり、ダム建設や高速道路の建造がストップされたりといった変化は確かに見えてきている。しかしその一方で、巨額の財政赤字と累積国債残高を問題視しながらも、大幅な膨張予算を組んで未曾有の国債発行に走ってしまったり、環境重視を打ち出しながらも、公共交通機関からマイカーへのシフトを誘発し CO_2 を明らかに増やすであろう高速道路無料化を推進したり、或いは高付加価値産業を育成することによって経済競争力を重視すると謳いながら、派遣労働者を禁止する方針を示して企業の自由度とコスト競争力を削ぐ方向に進もうとしていたりというような、基本方針と個別政策の相反や矛盾が多々見られるのも事実である。

ヴィジョンが無いからダッチロールする

その結果、国民には日本が近い将来どのような国になっていくのか見えて来ない。どのような社会のしくみになり、どのような経済状態になり、どのような税負担が発生し、どのようなことにお金が使われるのかよく分からない。そして自分達はどのように働き、どのような所得を得て、どのような日常を送るのか、つまりこれからどんな生活が待っているのか予測がつかない。人間は将来がどうなるのか見えない時に不安になる。大きな困難が待ち受けているとしても、それが予測できれば対策を考えたり、心の準備をしたりしてちゃんと立ち向かっていけるものである。しかし良くなるのか悪くなるのか、何が起きるのか起きないのかが分からない時にこそ不安を感じ、恐怖にさいなまれたり、誤った判断をしたりしてしまいがちである。

こうなってしまっている原因は、今の日本が進もうとしている方向性と達成しようとしている社会の姿を示す国家ヴィジョンが掲げられていないからである。国家ヴィジョンが明快に示されていれば、何のための高速道路無料化なのか、何のための子供手当てなのか、何のための派遣社員の禁止なのかという個別の政策の意味と狙いを、国が目指そうとしている社会のグランドデザインの中に位置づけてより的確に理解することが可能になる。

例えば高速道路の無料化にしても、メリットはもちろんある。有料であるためにせっかく造った立派な高速道路がガラガラで下を走る一般道路はいつも渋滞しているような所では、明らかに交通量が平準化されてドライバーの時間コストは短縮され、排出されるCO_2も削減されるであろう。しかしその一方で、今も混雑している高速区間は益々渋滞してしまい、高い料金を支払ってでも少しでも早く着きたいと望む人の選択肢を奪ってしまうことになるし、鉄道やバスといった公共交通機関からマイカーへのシフトが起きて、トータルでのCO_2が増えてしまったり、公共交通機関の経営自体が成り立たなくなったりする可能性もあるわけである。つまりどのような政策もメリットとは裏腹に必ずデメリットも存在する。メリットを享受し相対的に有利になる人がいれば、当然相対的に不利になる人もいるわけである。また、新しいサービスを導入すれば必ずそのための費用負担の問題が発生するし、逆にコストを圧縮すればその分サービスが低下してしまう。これが政策というものが持つ宿命的性格である。

だからこそどのメリットを重く見てどのデメリットを甘受するかを判断することが政策決定の肝心要なのであるが、その判断基準となるのが国家ヴィジョンなのである。どういう人が今より手厚く遇されるべきなのか、どういうことにお金を使っていくべきなのか、どういう理念でしくみや制度を組み立て運営していくべきなのか、といった個別の政策の是非を判断するための根拠と基準を示すのが国家ヴィジョンなのである。

にもかかわらず、現在の政治のあり様を見ると国家ヴィジョンが見えない。だからこそ、一つ一つの政策案が採用されるにせよ、修正されるにせよ、否定されるにせよ、ことごとくダッチロール状態である。かまびすしく甲論乙駁した挙句、高速道路の無料区間のケースのように、採用しないわけではないがたいしてプラスの効果も期待できないという感じのナアナアの落としどころとなってしまうことが多い。また官僚支配からの脱却、天下り全面禁止を標榜していたのに、大物官僚OBを日本郵政のトップに据えたりして、「言っていることとやっていることが違う」と国民の失望を買ってしまうようなことが続いている。

もちろん政策とはメリットと同時に必ずデメリットもあるので、だからこそ極端な内容で決定してしまうべきではない、という考え方も一つの正論であろう。渋滞している高速道路も少なくないのだから、全面無料化は極端過ぎるとか、官僚の中には余人を以て代え難い有能な人もいるのだから、例外があっても良いではないかというような中庸の考え方である。

しかし今の日本は歴史的転換点に立っているというこの状況の特殊性を考えると、多少極端なくらいに思い切って改革の一歩を踏み出すべき時であるという論の妥当性の方が高いと私は考える。

今の日本のこの状況にあって最も尊重すべきは、昨年の総選挙によって国民が表明した「従来の国家運営の方針と目指すべき社会のあり方を大きく転換すべきである」という強いメッセージである。この国民の判断と意図によって、歴史的とも言える戦後初の実質的政権交代が実現したのである。また詳しくは後述するが、戦後半世紀以上にわたって継続して来た国家の成長フェーズが終わり、明らかに新しい段階としての成熟フェーズに入ったという現実を踏まえると、革命的と言っても差し支えないほどの大胆な国家ヴィジョンの描き直しがどうしても必要なのである。

国家は社会環境や経済環境が抜本的に変わった時には主権や政権の転換が起こり、新しい環境の中で全く新しい国家ヴィジョンを掲げて、より的確な国家のあり方と社会運営のしくみを構築していくものである。その時に掲げられる国家ヴィジョンはそれまでの国のあり方と比べると、革新的、革命的なものであることは当然であるし、また革新的、革命的である方が適切である。何故ならば、従来の延長線上のやり方では適応できないような環境変化への対応が求められているからこそ、従来のヴィジョンの部分的修正では不十分であり、抜本的に描き直すことが必要なのである。そして、それができなければどうなってしまうかと言うと、国家の衰退が起きる。

ヴィジョンを転換できずに衰亡した清国と共産主義国

やや極端な例ではあるが、一九世紀後半の帝国主義化の流れに対応できなかった誇り高き清は欧米列強の植民地として切り刻まれてしまった。一方同じ時期に、大政奉還によって機敏に政権交代を行い、攘夷から開国へ、そして富国強兵へと、新しい国家ヴィジョンを描くことができた日本はアジアの雄となることができた。近年の例で言えば、一九七〇年代、八〇年代と生活水準・経済水準が上昇していく中で、国民の思想と行動をかたくなに統制しようとしていたソ連や東欧といった共産主義国は、自由を求める国民の欲望の力によって国家が崩壊してしまった。一方、もう一つの共産主義国の代表であった中国は、ソ連、東欧の崩壊を見て、九二年に「社会主義市場経済」という新しいヴィジョンを描いて国家運営の方法論を大胆に転換し得たからこそ、目覚ましい発展を遂げることができ今やアメリカに次ぐ世界第二位の経済大国となった。

わが国の話に戻ると、現在の日本が新しい国家ヴィジョンに差し替えるべきステージに立たされていることは間違いない。戦後五〇年間にわたって続いて来た成長フェーズは九〇年代にはすっかり終焉して、今や明らかに成熟フェーズに入っている。これだけ大きく構造的な環境変化は二〇世紀後半以降では初めてのものであり、国家観や社会のしくみを抜本的に転換させるための全く新しい国家ヴィジョンを描き出すことが不可欠なのである。その構造変化の大きさのマグニチュードからすると、求められる国家ヴィジョン転換のインパクトは、「富国強兵」、「大東亜共栄圏」、「所得倍増」、「日本列島改造」等に匹敵するものと心得る必要がある。これらの国家ヴィジョンはその後何十年間かにわたって全ての政策を整合的に束ね、法律や制度の共通基盤をなし、国としてのカネの使い方や国民意識を統括的に規定してリードして来た。その成果として、例えば「所得倍増」、「日本列島改造」によって戦後日本はいち早く復興を遂げ、奇跡的な高度経済成長を達成し、九〇年代には国際競争力No.1にランキングされるまでに上りつめることができたのである。

しかし戦後日本の国家運営をリードして来たこの国家ヴィジョンは既に使命を終えている。またそのヴィジョンに基づいて展開されて来た政策も有効性を喪失している。にもかかわらず、「フェーズが変わってしまった」ことに気づかないまま従来のやり方で強引に難局を乗り切ろうとして迷い込んでしまったのが〝失われた一〇年〟と呼ばれる九〇年代であり、時代と環境に合わなくなったやり方をゴリ押ししたツケとして積み上がったのが、現在の慢性的財政赤字と膨大な国債発行残高である。

橋本、小泉、鳩山政権に共通するもの

国民はそのことに二〇〇〇年代初頭から明らかに気がついていた。だからこそ、「自民党をぶっ壊す」とのかけ声で従来のやり方を否定しようとした小泉改革を強く支持したのであるし、昨年の総選挙において小泉改革とはむしろ逆方向の政策理念を示しながらも従来のやり方から脱却することを訴えた鳩山民主党にも多くの票を投じたのである。政策理念が一八〇度異なる小泉政治にも鳩山政治にも強い共感を示すという、こうした国民意識や投票行動を「劇場型政治に翻弄される愚かな大衆」とか「大衆の不見識によってポピュリズム政治が跋扈する」とか批判する論調があるが、それは全く違う。

国民は九〇年代後半以降、従来型の高度経済成長モデル型の政策手法を取る政権に対しては一度も大きな支持は与えなかった。この点で国民の支持と判断は見事に一貫している。

1991年以降の歴代内閣の期間と発足直後の支持率

	期間（日数）	支持率
宮沢内閣：	644日	47.6%
細川内閣：	263日	62.9%
羽田内閣：	64日	40.9%
村山内閣：	561日	29.7%
橋本内閣：	931日	46.8%
小渕内閣：	616日	24.8%
森　内閣：	388日	33.3%
小泉内閣：	1980日	72.8%
安倍内閣：	366日	51.3%
福田内閣：	365日	44.1%
麻生内閣：	358日	38.6%
鳩山内閣：		60.6%

資料：時事通信社

振り返って検証してみると、従来型のヴィジョンとモデルが明らかに有効性を失ったと判断できる九〇年代中盤以降、国民が大きな支持を与え期待を持ったのは六大改革を掲げた橋本政権（二年六ヶ月）と小泉政権（五年五ヶ月）と今回の鳩山民主党政権だけである。この三者に共通することは従来型政治の否定であり、三者それぞれ異なっているとは言うものの、新しい国家ヴィジョンを据えようとしていた。一方、これ以外の政権に対しては、国民は強い支持と大きな期待を与えてはおらず、その証拠に全て一年程度の短命で終わっている。つまり国民は今の日本に必要なものをきちんと感じ取り、賢く判断し、行動していたのである。

本論に入る前の説明が少々長くなってしまったが、今の日本が置かれている状況について簡潔に理解して頂けたと思う。

①日本が成長フェーズから成熟フェーズに移ったために、従来型の国家ヴィジョンと実現のための方法論は無効化した

②現在、新しい国家ヴィジョンが示されていないが故に、政策はダッチロールし、国民は将来に向けての見通しが立たず、不安ばかりが増大している

③今の日本が最も必要としているのは、成熟化フェーズにあって国民が豊かで幸せな生活を送ることができるような社会のしくみと運営のあり方を示す新しい国家ヴィジョンである。

以下、これまで述べて来たことをデータや歴史的事実によって検証しながら、これからの日本の国民が豊かで幸せになるための新しい国家ヴィジョンを描き出してみたい。

二　日本が成熟フェーズに入ったことの意味

成長フェーズが終わったという事実がスタートライン

現在、国民が将来に展望が持てず不安を抱えているのも、政策論争がダッチロールしているのも、新しい国家ヴィジョンが示されていないからである。そして新しい国家ヴィジョンが今どうしても必要な理由は、戦後約五〇年間続いた「成長フェーズ」が終わって、日本は今や国家としての「成熟フェーズ」に入ったことにある、と説明して来た。

この認識が本書のスタートラインである。成長フェーズが終わってしまったからこそ、経済成長を前提にしたヴィジョンは絵空事になってしまうのであり、経済成長を促進させるための政策は無駄と非効率を生むだけになってしまうのである。つまり、成長フェーズが終わってしまった社会において、従来型の政策を行うことは、かえって国民生活を低下させてしまったり、財政状況を悪化させてしまうだけの、合理性のない行為なのである。

例えて言うならば、成熟フェーズに入った社会において強引に経済成長を促進させるために公共事業を繰り出すのは、老人に霜降りのステーキを無理矢理食べさせるようなものである。今さら背が伸びたり筋肉がついたりするわけもなく、かえって胃もたれを起こしてしまったり、コレステロール値が上がったりしてしまうだけである。体力がつくどころか、副作用の方が大きい。また何より成熟・低成長時代にあっては、霜降りステーキの代金の負担の方も気になる。もし高価な霜降りステーキを買うほどのお金を使うのであれば、食事は干物と梅干しのご飯で安く済ませ、残ったお金で体調を整える漢方薬を買ったりする方が明らかに賢明であろう。

とは言え、このような考え方が本当に適切かどうかは、今の日本が確かに成長フェーズを通り過ぎて成熟フェーズに入っているかどうかにかかっている。実際、今なお経済成長が最大の政策目標であるかのように語る政治家は少なくないし、メディアや識者の声の中にも経済成長の手立てをあれやこれやと提案する向きが多いのも事実である。もし本当に今でも日本経済が力強く成長を遂げていく余地が十分に存在するのであれば、イシューは経済成長のための手段を検討することになる。しかし本当に成長フェーズは終わってしまっており成長のための政策の効果が見込めないのであれば、経済成長を軸に据えて政策を考えることは無益なことだということになる。

従って、これからの時代に国民が幸せになるための新しい国家ヴィジョンを考えていく上で「既に成長フェーズは終わって、今は成熟フェーズに入っている」かどうかの検証は非常に重要なポイントである。

以下、幾つかのデータを当たってファクトベースで検証してみよう。

日本が成熟フェーズに入ったことの検証

①GDPの成熟

まず確認しておくべきは何をもって「成長している」、「成熟している」と判断するべきかであるが、これは資本主義経済の時代にあっては、「経済が」ということで良いであろう。また経済を測る指標としては、経済学が経済のスケールを表す主要指標として開発し、世界各国で共通の指標として採用されている『GDP』を使うことにも異論はないと思う。もちろんGDPの大きさがそのまま豊かさの度合いを表すものであるかどうかについては、かねてより多くの疑問が提起されているのも事実であるが、今だにGDPに取って代わる有力な指標は開発されていない。近いところでは二〇〇八年にもフランスのサルコジ大統領がノーベル経済学賞受賞者ジョセフ・スティグリッツらに依頼して、「新しい豊かさ指標開発プロジェクト」に取り組んだが、有力な指標を作り出せたとは聞いていない。

いずれにせよ、その国が成長フェーズにあるというのは、「GDPがトレンド的にある一定以上の拡大を遂げている」ことであり、成熟フェーズに入ったというのは「GDPがトレンドとして拡大していかない」状態になったことである。

次いで、簡単にGDPの意味内容について説明しておこう。GDPとは一年間にその国で創り出された製品やサービスなどの価値の総量である。その数字は

①各産業ごとに創り出された価値を足し合わせたもの（生産の側面）であり、

②労働者の所得と企業の利益を足し合わせたもの（所得の側面）に等しく、

③国民の消費と企業の投資と政府の支出を足し合わせたもの（支出の側面）とも等しいという性質がある。これを経済学では、GDPに関する生産、所得、支出の「三面等価」の法則と呼んでいる。このように経済学の教科書のような表記をしてしまうと、少しややこしい感じがするかもしれないが、GDPとは国の経済の大きさを表す代表指標であって、その国で生産されたものの総量であり、その国の人達の所得の大きさであり、またその国で消費されるものの総量であると理解して頂ければ、それで十分である。そして、経済が

GDPの三面等価

生産＝所得＝支出

〈生産の側面〉GDP＝各産業の付加価値の合計

〈所得の側面〉GDP＝雇用者所得＋企業の利益

〈支出の側面〉GDP≒消費＋投資＋政府支出

成長しているというのは、その国の生産が増え、所得が増え、支出が増えているということである。

ではそのGDPが近年の日本でどのようなトレンドを示しているかを見てみよう。

八〇年代後半のバブルが終わった後の日本のGDPのトレンドを追ってみると、明らかな傾向を読み取ることができる。一九九〇年に日本のGDPは四五二兆円であったが、その後もしばらくは順調に拡大を続け、九七年には五一四兆円に達している。七年間でGDPは約六〇兆円拡大したのだ。しかしその後は全く成長していない。九七年から一〇年後の二〇〇七年まで一度も九七年度の五一四兆円を上回ることはなく、〇七年に五一六兆円と一〇年ぶりにやっと同水準を回復した、というのがデータの示す現実である。そして〇八年には約二〇兆円も下落して四九四兆円と九七年以降の最低水準になってしまった。

日本の名目GDPは1997年以降、増えていない

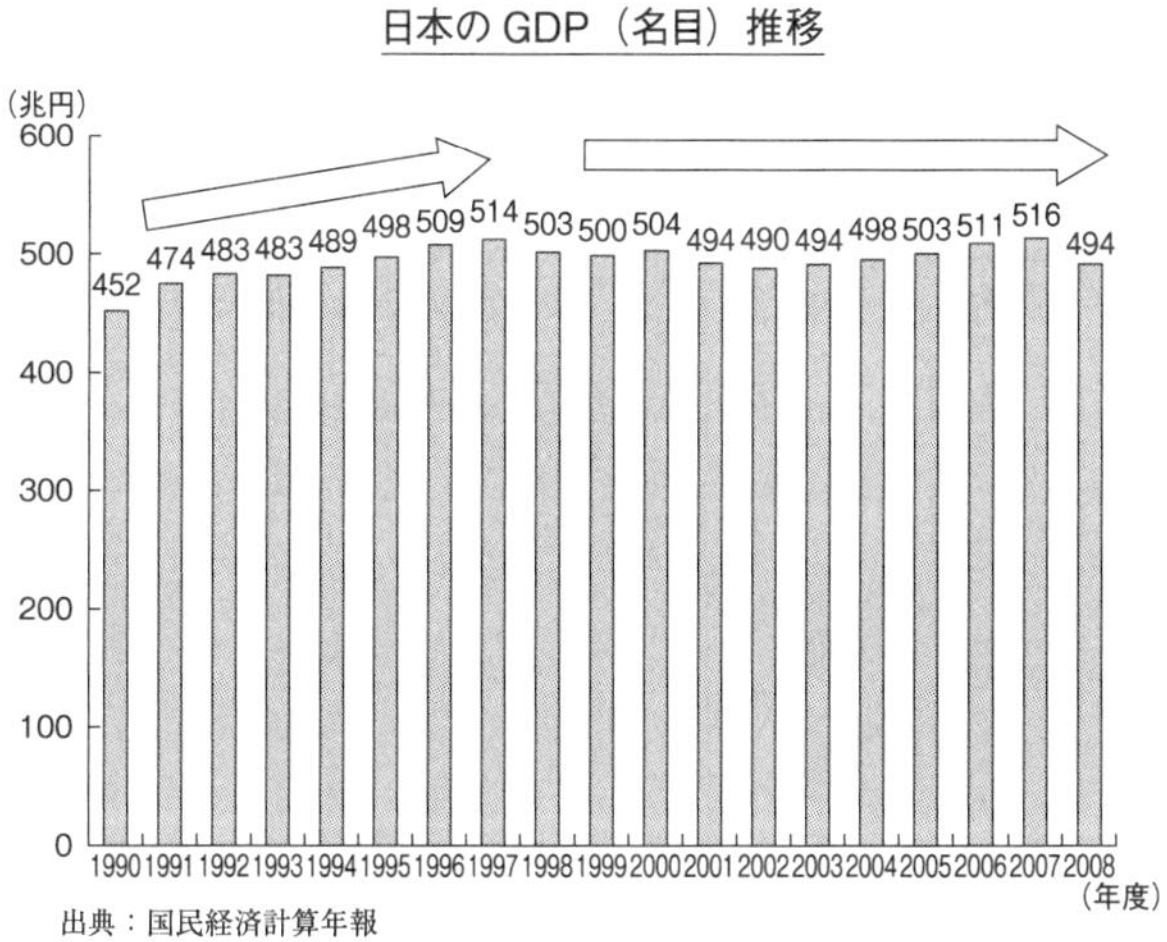

出典：国民経済計算年報

このトレンドをどう読むべきかということに関して議論の余地はないであろう。九〇年代後半以降GDPはゼロ成長であり、明らかな「成熟」である。日本のGDPのトレンドをもう少し長い期間で見てみると、七〇年代の一〇年間は年率にして一二・七％の成長、八〇年代は年率六・二％の成長であった。この推移を見ると、日本は徐々に成長率を低下させて来て、九〇年代後半以降ついに「成熟化フェーズ」に入ったとするのが自然な理解である。

ちなみに以上の分析は、国の景気の実感値を最もストレートに表す名目GDPによるものだが、国民生活水準に直結し

た指標としては名目GDPを物価変動率で割り引いた実質GDPの方がより適切であろう。では実質GDPで見ると、日本経済はどのようなトレンドにあるのか。

一九九〇年以降の日本経済のトレンドを実質GDPで見てみると、名目GDPのケースとは少し違った像が見えて来る。二〇〇〇年の物価水準を基準とした場合の九〇年の実質GDPは四五四兆円となり、以降五年毎の数字は九五年が四八三兆円、二〇〇〇年が五〇六兆円、〇五年が五四〇兆円と一応順調に成長を達成している。年率換算にすると九〇年~九五年が一・二%、九五年~二〇〇〇年が〇・九%、二〇〇〇年~二〇〇五年が一・三%となり、決して高成長とは呼べないものの、名目GDPで見た時のように明らかなゼロ成長というわけではない。

では九〇年以降ほぼ一%程度で続く実質経済の成長をどう評価するかであるが、九〇年以前の日本経済のトレンドと比較してみると一つの判断が見えて来る。七〇年代の実質GDPの成長率は四・二%、八〇年代は四・七%である。七〇年代以降二〇年間にわたって続いて来た四%台の成長が約一%に下がってしまったのである。この格差を見ると、名目GDPの場合のように成長が完全に止まってしまったというわけではないにせよ、やはり日本経済は時代の推移とともに成長率を急速に下降させて来て、九〇年代以降はほとんど

日本の実質 GDP は90年代以降、微増トレンド

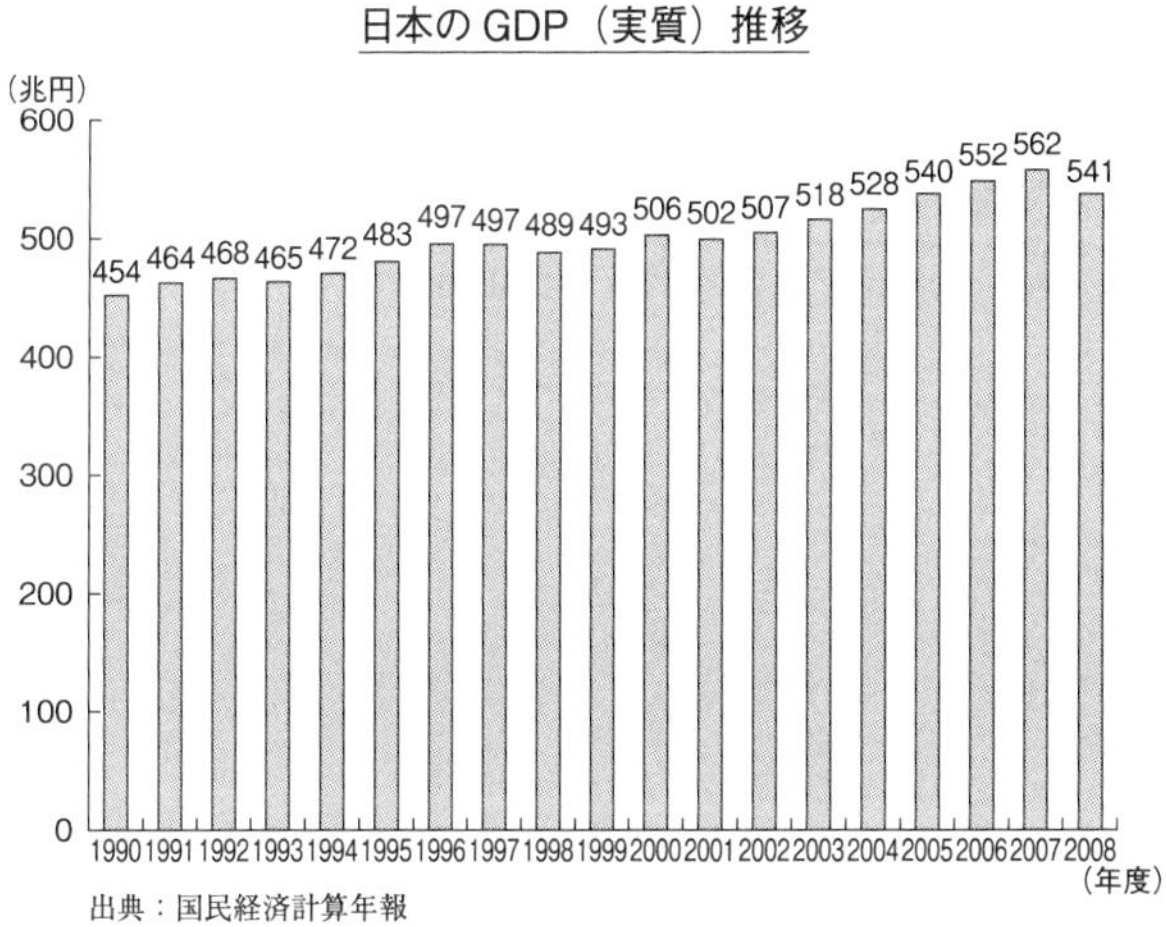

出典：国民経済計算年報

日本の経済成長率は、70年代、80年代は４％台であったが、90年代、00年代は１％前後……90年代以降は明らかに成熟

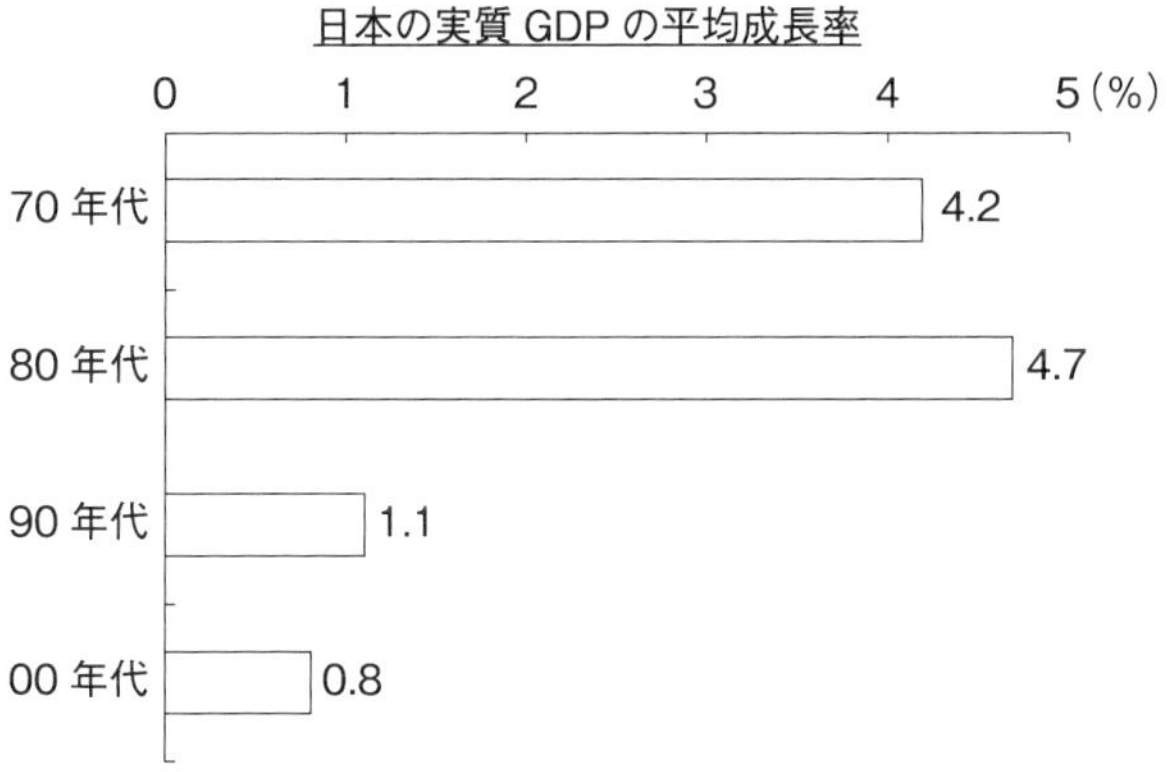

出典：国民経済計算年報

ゼロ成長に近い成熟フェーズと見なすのが妥当な理解であろう。

名目GDPと実質GDPの他に、もう一つ経済のトレンドを見る際に有効なGDPに関する指標がある。それはドルベースで見た一人当りGDPである。

八〇年代以降は経済活動はグローバル化し、一国の経済が順調かどうかの判断は国際比較の中で行う意味が増して来ている。ある国の経済が五%で成長していても、同時期に他の国が皆一〇%以上で成長していたならば、決して順調とは言えないからである。ちなみに、各国の経済水準の比較をする場合には、為替の調整と国家規模の調整のために、ドルベースでの一人当りGDPで見るのが通常である。

では九〇年代以降、日本はアメリカ、イギリス、ドイツ、フランスといった主要国と比べて経済の成長具合いはどうだったのであろうか。

ドルベースでの一人当りGDPの国際比較を見てみると、日本経済を単独で見た場合とは全く違った側面が見えて来る。ドルベースの一人当りGDPのランキングで常に上位を占める国にはルクセンブルグやスイス、及び北欧各国があるが、それらの国はいずれも人口が数百万人以下の規模の小さな国家であり、日本が直接比較をする場合の対象国としては人口数千万人以上の規模を持つアメリカ（三億一〇〇〇万人）、ドイツ（八二〇〇万人）、フランス（六五〇〇万人）、イギリス（六二〇〇万人）あたりが適当であろう。これら四ヶ国と日本のドルベースでの一人当りGDPの推移を見てみると、非常に面白いメッセージが見えて来る。

簡単に言うと「九五年までは日本の天下、それ以降は下降の一途」というものである。九〇年の時点で日本の一人当りGDPは二・五万ドルで五ヶ国中一位であり、その後も他の四ヶ国より高い伸び率で成長し、九五年には四・二万ドルと圧倒的なトップの座を誇っていた。九五年の二位はドイツであったが、その額は三・一万ドルであり日本とは一万ドル以上の差があったし、五位のイギリスに至っては二・〇万ドルと日本の半分以下でしかなかった。

しかし九五年をピークに日本は順位だけでなく、一人当りGDPの金額自体も下降を続ける。日本の一人当りGDPは九八年に三・一万ドルまで下がった後、上がったり下がったりしながら二〇〇六年には三・四万ドルで五ヶ国中最下位になってしまった。そして直近の二〇〇八年の三・八万ドルは九四年とほぼ同じ水準である。

このデータは、国内のGDPデータとはまた違ったメッセージを与えてくれる。

国内では「失われた一〇年」と呼ばれる九〇年代であるが、その前半である九五年まで

米仏独英の一人当りGDPは90年代以降も順調に成長しているが、
日本だけは増えていない

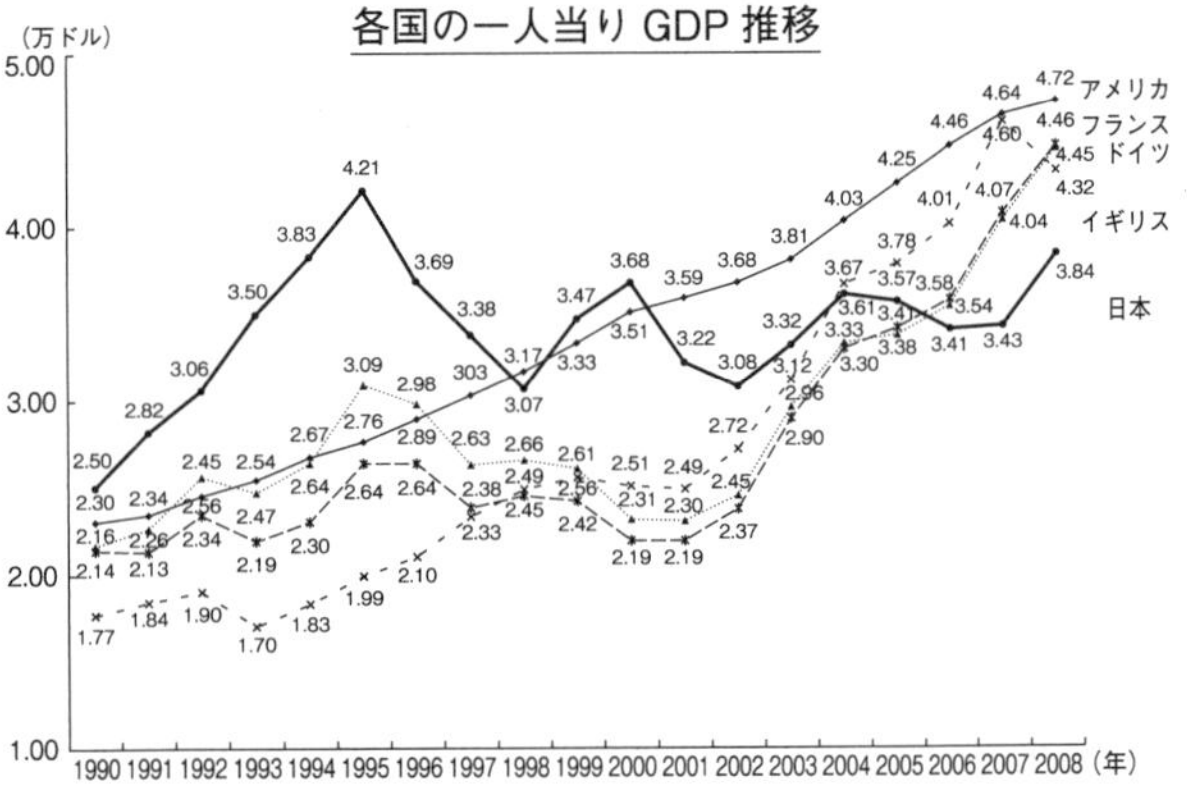

出典：国民経済計算年報

はドルベースでの一人当りGDPは順調に成長を遂げていたし、何より主要五ヶ国の中でダントツのトップであったのだ。日本がこうした世界最高の位置を占めたことは有史以来初めてのことで、日本の黄金期と言ってもよい時期である。しかし九五年以降の日本は国際的には全く冴えない。日本の中だけで見ていると九五年以降も実質で一％程度ではあるがわずかばかりの成長を続けて来たのであるからまあまあの時代に見えるが、その間日本以外の国は順調に成長を続けて、米独英仏四ヶ国全てが日本を追い抜いてしまったわけである。

　つまり国際経済の中で見てみると、九五年以降はまあまあどころか凋落の時代である。特に、順位が低下しただけでなく、ドルベースでの絶対額が九五年の四・二万ドルから〇八年の三・八万ドルまで約一割も低下しているのは深刻な事実である。ちなみにこの間アメリカはドルベースで見た一人当りGDPを約七割拡大しているし、フランスも約七割、ドイツは約五割、イギリスに至っては二倍以上になっているのだ。こうした対比を見ると、日本は成熟どころか衰退とすら言わざるを得ないような状況なのである。

以上、九〇年代以降の日本経済を名目GDP、実質GDP、ドルベースでの一人当りGDPによって見て来たが、どの指標によっても日本が成長フェーズにあるとはとても言えないことは明らかであろう。良くて「成熟」、国際的に見ると「衰退」の様相さえ呈しているというのが現在の日本の姿なのである。

②成長因子の消失

実は、「日本が経済的に成熟している」ということは、別の経済の方程式からも示すことができる。経済の成長率を表す経済学の基本公式として次のようなものがある。

経済成長率＝（労働力の増加率）＋（資本ストックの増加率）＋（技術進歩率）

この方程式を使ってGDPを見てみると、経済活動を構成するどの要素が原因で成長しているのかを判別することができる。

　多少〝経済学的〟でややとっつきにくい方程式ではあるが、意味するところはシンプルなので簡単に説明しておこう。

　この方程式が表す意味は、経済（ＧＤＰ）の成長率は、労働力がどれだけ増えたか（労働人口と労働時間で決まる）と、経済活動に投入される資本がどれだけ増えたか（貯蓄率によって決まる）と、経済活動の効率を左右する技術水準の改善度合いで決まるというものである。三つ目のファクターである経済活動の効率を左右する技術水準とは、「全要素生産性（ＴＦＰ：Total Factor Productivity）」と呼ばれるもので、モノを作るテクノロジーだけでなく、産業構造の構成や、国民の教育水準なども含まれるその国の経済全体の効率を表すものである。この方程式の意味することをざっくり言うならば、経済のアウトプットは、ヒト（労働）とカネ（資本ストック）が投入された量と、それらをいかに上手く活用するかという技術（ＴＦＰ：全要素生産性）によって決定されるということである。

　従って、経済が成長するためには、労働者が増えるか、投入される資本が増えれば良いということになる。また、同じ労働者と同じ資本で経済活動を行っていても、新しい生産技術を使うようになったり、非効率な産業から効率的な産業にヒトやカネがシフトしたりすれば、それはTFPが向上したことになり、経済活動のアウトプットは増える、つまり経済は成長するということである。

以下で、この方程式を使って九〇年代以降の日本経済が成長し得たのか、成長し得なかったのかについて検証してみよう。GDPの成長率を決める「労働」、「資本」、「技術」のうち、まず労働について見てみよう。

【i　労働人口と労働時間の減少】経済活動に投入される労働の量は、就労者数と一人当りの労働時間で決まるが、結論から言うと、九〇年代以降どちらも全く増えていない。正確に言うと、どちらも微減である。つまり、この二〇年間就労者数も労働時間も全く増えていないのであるから、「労働」の側面から見て日本のGDPが成長する必然性は全くないというのが結論である。

更に、今後の日本経済を考えると深刻なのは、少子高齢化及び総人口の減少と、それに伴う労働力人口の急速な減少である。労働力人口とは仕事に就くのに適した一五歳以上の人口のうち働く意思のある人口のことであるが、日本は少子高齢化と総人口の減少によって一九九九年に労働力人口はピークをつけ、今後も二〇一〇年から二〇年までの一〇年間で七七〇万人減という急速な勢いで減り続けていく。

労働力人口が増えていくトレンドにあれば、失業対策や就業仲介といった政策によって就業者数を増やすことも可能になるのだが、就業者のそもそもの母集団となる労働力人口が減っていく中では、経済要素としての「労働」を増やすことは極めて困難である。ちなみに先に挙げた主要先進国五ヶ国の中で最も順調に経済成長を継続しているのはアメリカであるが、アメリカは移民政策によって九五年から〇五年までの間の一〇年間で労働力人口は約一三%も増大している。一方、その間に労働力人口がマイナス三〇万人と絶対数で減少した国は先の五ヶ国中日本だけである。

ところで、近年実質的労働力人口を増やすために、現在専業主婦をやっている女性の就労を促進したり、六〇歳を過ぎて会社を定年になった人達にもできるだけ働いてもらおうとする方針が打ち出されてはいる。これはこれで正しい方向性である。しかし、これらの方策によって得られる労働力人口の増大、及び就労人口のアップには限界があるのもまた事実である。

日本の女性の就業率は既に約六〇%に達しており、手厚い社会福祉の制度が整っている北欧諸国とは一〇%以上の開きがあるが、アメリカ六六%、イギリス六七%、フランス六〇%、ドイツ六四%（国際労働比較）と比べるとそれほど重大な格差が存在しているとは言いがたい水準である。またこれまで専業主婦をしていた人達の就労機会は、定年後の高齢者の場合と同様に、実際にはそれほど多くないのが現実である。つまり専業主婦や高齢者では、経験的にも、体力的にも、できる仕事が限られており、求人と求職のミスマッチが大きく、専業主婦の数や定年退職者の数がそのまま労働力人口の実質的拡大につながるかと言えば、ことはそれほど簡単ではないと言わざるを得ないのである。

「労働」に関するもう一つのファクターである労働時間について言うと、日本は年間一七七二時間で主要五ヶ国の中で一七九二時間のアメリカに次いで二番目である。

かつて日本が世界のトップに輝いていた九〇年代初頭までは、海外から「日本人は働き過ぎ」との批判が出るぐらい長時間働いていた。一九八五年には日本が約二一〇〇時間、アメリカとイギリスが約一八〇〇時間、ドイツとフランスが約一七〇〇時間と、ダントツの勤勉さで働いていたのだが、九五年には約二〇〇〇時間も減って年間約一九〇〇時間になった。これは休日数に換算して二五日分であるから、労働者の生活は時間的余裕が随分増えたことになる。しかし同時に、その分だけGDPを生み出すための経済要素としての「労働」が減少したことにもなるという事実も知っておかなければならない。これは八〇年代から九〇年代にかけて、日本は経済成長の可能性を追求するのを止めて、生活の余暇時間を増やすことを選択したということである。

日本の労働時間は80年代には約2100時間であったが、
00年代には約1800時間まで減少

主要先進国の一人当り平均年間総実労働時間

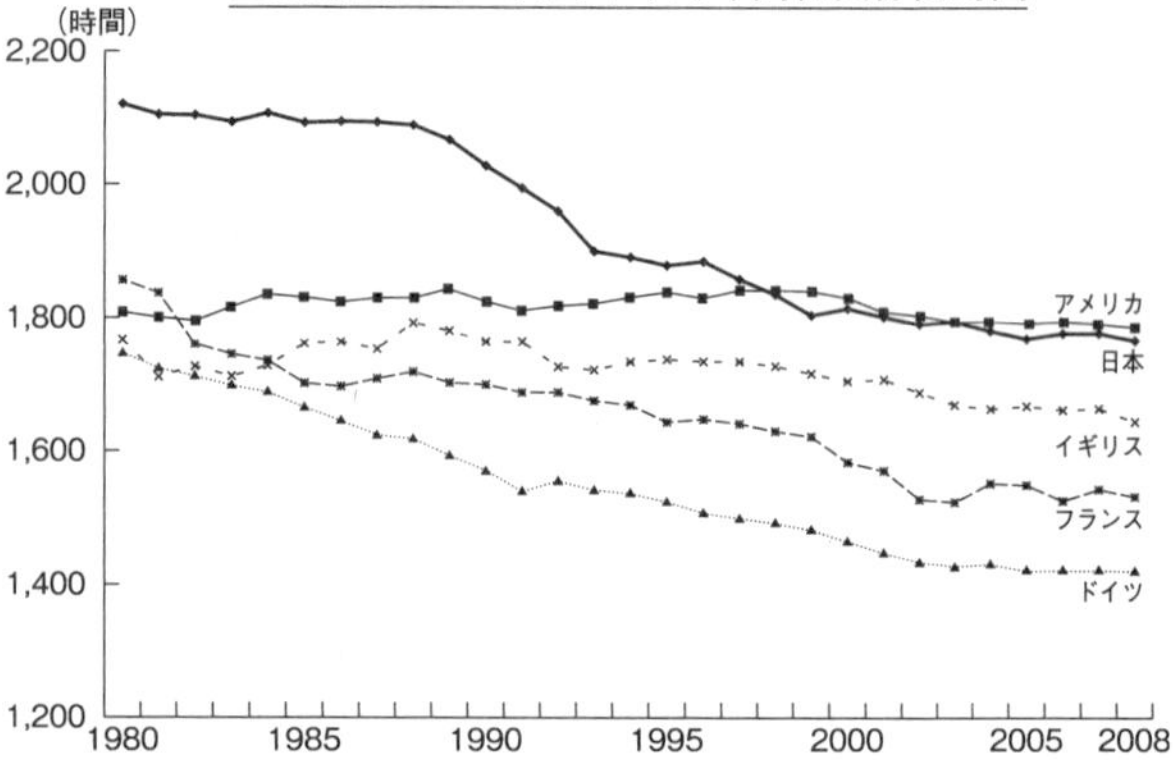

出典：Stat Extracts（OECD）

では今後の経済成長のために、再び一〇〇時間も二〇〇時間も年間労働時間を増やす選択が可能かと言うと、これもまた難しいと言わざるを得ない。現時点での日本の労働時間数約一八〇〇時間という水準も、フランスの約一五〇〇時間、ドイツの約一四〇〇時間と比べると、まだ約三〇〇～四〇〇時間も多い。約一七〇〇時間のイギリスと比べても約一〇〇時間多い。また国内の労働に関する論調を見ても、労働のプレッシャーによるメンタルヘルスや過労死の問題が厳しく指摘されているし、リストラ回避のための手法として一人当り労働時間を減らすワークシェアリングを求める声も小さくない。こうした状況を考えると、日本の労働時間に対して下方圧力がかかりこそすれ、増大させていくことは難しいと判断せざるを得ないであろう。

【ii 貯蓄率の低下】では次に、三つの経済要素である「労働」、「資本」、「技術」のうち、「資本」について見てみよう。

一国の経済活動に投入される要素としてのカネの側面、即ち「資本」は、その国の国民が所得のうちどれくらいを貯蓄に回すかによって決まる。こう言うとやや突拍子もなく聞こえるかもしれないが、大筋をざっくり説明すれば次のようなことである。一国の経済活動によって生み出されたＧＤＰはそのうちのかなり多くの部分が国民の所得になる。現在の日本で言えばＧＤＰの約七〇％が国民の所得である。給料や賃金として所得を得た国民はそのお金で食糧や衣料を買い、家賃や公共料金などを払うが、残った部分を貯蓄する。貯蓄されたお金は、銀行を経由して企業に貸し出される。そして企業は銀行から借りたお金で工場を増設したり、新規事業に乗り出したりして、前年度よりも多くのＧＤＰを生み出すことになる、というメカニズムである。従って、国民がより多くの貯蓄をすれば、銀行が企業に貸し出すことができるお金がより多くなり、企業は設備投資や新規事業をより多く行うことができるわけである。

所得のうち何パーセントを貯蓄に回すのかという比率を貯蓄率というが、戦後の日本が高度経済成長を達成した大きな要因は貯蓄率の高さにあったと言われている。各国別の貯蓄率を見てみると七〇年代はアメリカが八%、ドイツが一四%であったのに対して、日本は平均で二〇%を超えていた。八〇年代も平均で一六%と、アメリカの七%、ドイツの一二%と比べると明らかに高い貯蓄率を実現していた。この高い貯蓄率によって多額のお金が家計部門から企業部門に回されて、設備投資が積極的に行われたことで高度経済成長が実現したのである。

七〇年代、八〇年代の日本の貯蓄率の高さの要因は、今日のことよりも将来のことを重視する国民性に基づくものだと言われて来た。景気の良い時には収入も多くなるので生活に余裕ができた分を将来に向けて貯金をし、不況の時には将来もっと景気が悪くなってしまった時のことを考えて生活を切り詰め、貯金に励むという具合である。

通常は、景気の良い時には余剰分を貯金に回すので貯蓄率は上がり、景気が悪くなると貯金を取り崩して生活水準を維持しようとするので、貯蓄率はマイナスになったり、大きく低下したりするものである。しかしかつての日本人だけは景気の良い時も景気の悪い時

日本の貯蓄率は一貫して下がり続け、今や最低水準

貯蓄率の推移

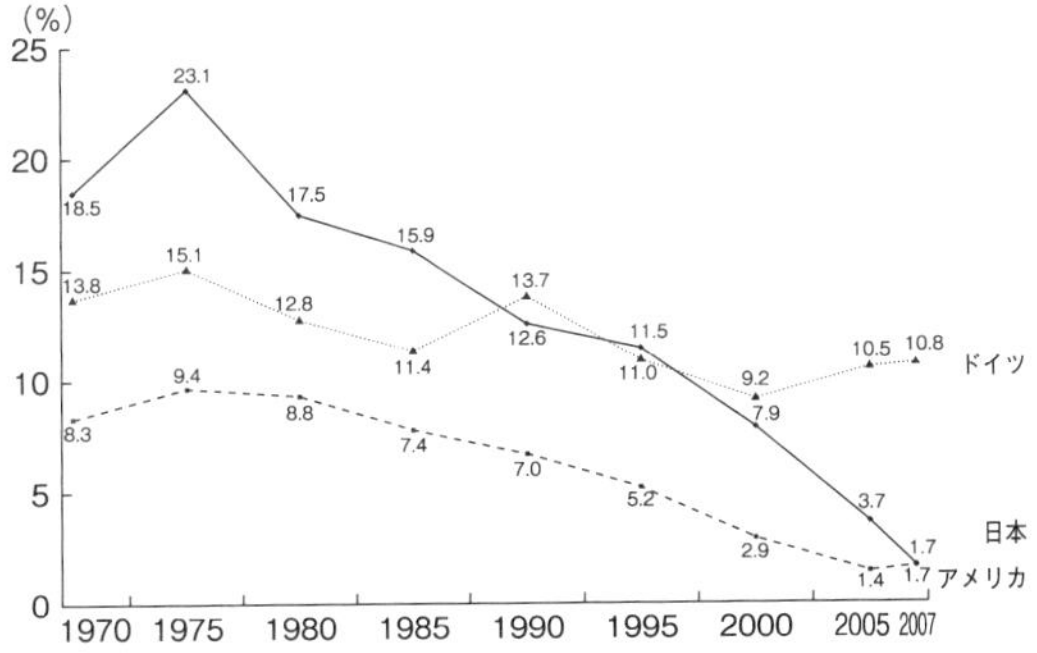

出典：国民経済計算年報

も、常にせっせと貯金に励むという特徴があり、この特徴は経済合理性に基づいたものではなく、国民性に基づいたものであると解釈されていたのである。七〇年代、八〇年代のGDP成長率は平均でそれぞれ一二・七％、六・二％であったが、この極めて高い成長率に対して日本人のこの貯蓄率の高さが大きく貢献していたことは間違いない。

　しかし、日本人の国民性に裏打ちされた特徴とも思われていた貯蓄率の高さも、九〇年代半ばから急落のトレンドを辿っている。日本の貯蓄率は、八〇年代から九〇年代半ばまでは徐々に水準を切り下げて来る漸減トレンドであったが、二〇〇〇年に七・九％と一〇％を切って以来、翌年の〇一年には五・二％と急落し、〇七年には一・七％と過去最低水準まで落ちて来ている。二〇〇〇年以

降、他の主要国はどうであったかと言うと、アメリカ、イギリスは二%~四%と低水準にあるものの、フランス、ドイツは一〇%~一二%で安定しており、かつての日本とのポジションが完全に逆転した格好になっている。

かつて驚異的に高かった日本の貯蓄率は、九五年以降に始まった急降下によって、今や主要先進国の中で最低水準にまで低下してしまったのである。

先に見た経済要素としての「労働」に関しては、労働力人口のピークが一九九九年であり、その後は長いトレンドで労働力人口が減少していくことを指摘したが、時を同じくして貯蓄率が急速に低下しており、「資本」についても同じトレンドが示されているのである。経済成長の方程式が意味する「経済成長は、経済活動に投入される「労働」と「資本」の量、及びそれらをどう活用するかという様々な「技術」で決まる」という法則と、これまでの検証データをつき合わせて考えてみると、日本経済の基本の姿がくっきりと浮かび上がって来る。

これまでの検証データが示しているのは、経済成長の大前提となる「労働」、「資本」という二つの経済要素の双方が二〇〇〇年以降、共にダウントレンドに入ってしまっているということである。そしてこの事実から導き出されるのは、残りの一つのファクターである「技術」がよほど大きな改善を示さない限り、日本経済は成長することはできないという厳しいメッセージなのである。

【iii 労働生産性の停滞】では、三つ目のファクターである「技術」、即ちTFP（全要素生産性）について見てみよう。

TFPとは、具体的に言うと企業の生産技術や産業構造の構成内容や、国民の教育水準まで含む〝生産性に係る総合的な指数〟であることは先に説明した。実は、今の国民経済計算の手法においてTFPを厳密に計算する方程式はないのであるが、労働生産性のデータを近似値として活用することができる。

国民経済の効率を左右するTFPの構成要素には様々なファクターがあるが、生産技術の向上や産業構造のシフトといったTFP改善要因は、結果的には労働生産性の向上に帰着するからである。従ってここではTFPの代表指標の一つである労働生産性のデータを使って日本経済の成長可能性の実態を検証しておこう。

労働生産性とは労働者一人が一年間に生み出す付加価値の金額である。一般に、ある仕事を行うために必要な知識や技術のレベルが高ければ高いほど、その仕事によって生み出される価値は大きく、労働生産性は高くなる。分かり易く言うならば、誰にでもできるような単純作業では労働生産性は低く、知的・技術的レベルの高い仕事での労働生産性は高いということである。このように労働生産性は、労働者が従事する仕事の高付加価値化によっても向上するのだが、一国の産業構造が高度化することによっても向上するという性質を持つ。一国の経済が発展段階を上げていくプロセスでは産業構造の高度化が進展していくことになるが、これは言い換えると産業構造の高度化とは労働生産性の低い産業から高い産業に労働者がシフトしていくということになるのである。

このように、労働生産性は労働者が携っている仕事の付加価値の大きさや産業構造の高度化のレベルを反映しているので、ＴＦＰに関係する様々な要素の大きな部分をカバーした指標だと言うことができる。従って、労働生産性はＴＦＰの近似の指標と見なすことができるのである。

このことを念頭に置いて近年の労働生産性の推移を見てみると、またしても残念な姿が浮かんで来る。

まず七〇年代以降の日本の労働生産性を見てみよう。日本の労働生産性は、七〇年代には年率にして実質で二・三％の向上、八〇年代には三・四％の向上を達成していた。それ

日本の労働生産性は80年代で伸びが止まり、90年代中盤以降は低下傾向

出典：法人企業統計

が九〇年代に入った途端にバブル崩壊の影響による経済活動の沈滞もあって、労働生産性は向上するどころかダウンしてしまった。

九〇年～九五年までの五年間は年率でマイナス三・四％、バブル崩壊のインパクトが落ち着いた九五年以降もマイナス一・〇％とマイナスが続くのである。そして二〇〇〇年代以降は年率〇・一％とほとんど変わらない状態が続いている。このように日本の労働生産性の伸び率は八〇年代までは二％台～三％台と順調に成長していたが、九〇年代にはマイナスとなり、二〇〇〇年代になってようやくマイナス期は脱したものの、〇・一％と低迷したままなのである。

それではこの間の他の主要先進国の労働生

産性の推移はどうであろうか。他の主要国との比較で見てみても、日本の労働生産性は順位、絶対額の両面で極めて残念な実態が見て取れる。九五年時点で日本の労働生産性の金額は主要五ヶ国中、既に最下位であったが、その後十年間にわたって連続最下位が続いている。しかも金額格差の方も年を追う毎に拡大して来ている。

実数で見てみると、〇八年のトップであるアメリカが九・九万ドルであるのに対して、日本は六・八万ドルと三・一万ドルも少ない。九八年時点でのアメリカと日本との格差は一・八万ドルであったものが、一〇年間で一・七倍に拡大したことになる。ちなみに〇八年の二位のフランスは八・〇万ドル、三位のドイツは七・六万ドル、四位のイギリスが七・五万ドルとなっており、日本はアメリカ以外の国と比べてもかなり水を開けられた水準で低迷し続けているというところである。

このように日本の労働生産性は九〇年代以降明らかに停滞しており、主要先進国の中でも最低の水準が続いている。当然のことながら、「技術」に関するこの残念な現実は成熟の様相を呈する「労働」、「資本」の不足を補って日本経済の成長の推進力にはなれていないばかりか、むしろ日本経済衰退の要因となってしまっていると考えられよう。

三　新しい国家ヴィジョン：国民の誰もが医・食・住を保障される国づくり

成熟フェーズであるのなら一直線に決まるヴィジョン

前節では、ＧＤＰに関する様々なデータと経済成長の方程式を使って、「日本は既に成長フェーズを終えて、成熟フェーズに突入している」ことを検証した。日本経済がもはや成熟フェーズに突入していることくらい、細々とデータを引いて証明しなくても実感として十分に分かっていると思われる向きもあるであろう。しかし、敢えて丁寧に〝日本の成熟〟を証明させて頂いたのには理由がある。

その理由とは、「日本は既に成長フェーズを終えて、成熟フェーズに入っている」ということを確かな現実として認めるのであれば、これからの日本が目指すべきヴィジョンも取るべき政策も、一直線に決定されるからである。

本書の冒頭で「ヴィジョンが明確に示されていない」とか「様々な経済政策についても

メリット・デメリットが錯綜して、議論がダッチロールしている」といった問題を指摘したが、日本が「既に成熟フェーズに入っている」という前提認識を共有すれば、そうした問題に対する答えは一気に見えて来るのである。現在の政策のダッチロールの大半は、成熟化社会に向けての政策を検討しつつも、その一方で同時に経済成長指向の政策を導入しようとすることによって矛盾が発生し、結局政策を決めきれなかったり、大して効果の望めない中途半端なものになったりしていることによる。

経済成長を追い求めても、経済構造や社会構造が既に成長フェーズを終えてしまっていては、成長政策は目ぼしい功を奏することはないし、コストばかりが積み上がってしまう。

前節で、高齢者に霜降りステーキを食べさせる例を挙げたが、子供が二人いる三十代夫婦の家庭と高齢者二人の面倒を見ている五十代夫婦の家庭では、お金の使い方も、楽しみや心配事もまるで違ったものであるのと同じである。

日本は既に成熟フェーズに入った。

このことを前提認識として、日本の国民が豊かで幸せに人生を送るための国家ヴィジョンを提示していく。

「悪くなっていく」と予想し、「不安を感じている」と答える人々が増え続けている

そもそも国家の使命は、国民に安心・安全で豊かな生活を提供することである。そのために税金を集め、その税金を使って社会インフラを整備し、公共サービスを行い、法律や制度を制定しているのである。

これまでの日本は、高度経済成長モデルと呼ぶべき国家ヴィジョンと政策によって経済水準の向上を図り、国民に豊かな生活を提供して来た。しかし、前節で詳しく見て来たように、日本という国家の基本構造が成長フェーズから成熟フェーズにシフトしてしまったために、これまでの高度経済成長モデルではもはや国民に対して安心・安全で豊かな生活を提供するという国家の使命は果たせなくなってしまっている。

その現実を既に国民は生活実感としてありありと感じている。内閣府が毎年行っている「国民生活に関する世論調査」を見ると、これまでに見て来た世相の推移に対する国民の生活実感が如実に表れている。

例えば、「お宅の生活は、これから先どうなっていくと思いますか？」という問いに対する答えは、八五年には「良くなっていく」と答えた人の割合が二四・四％、「悪くなっ

この20年間で、生活が「良くなっていく」は３分の１以下に、「悪くなっていく」は３倍に

お宅の生活は、これから先、どうなっていくと思いますか

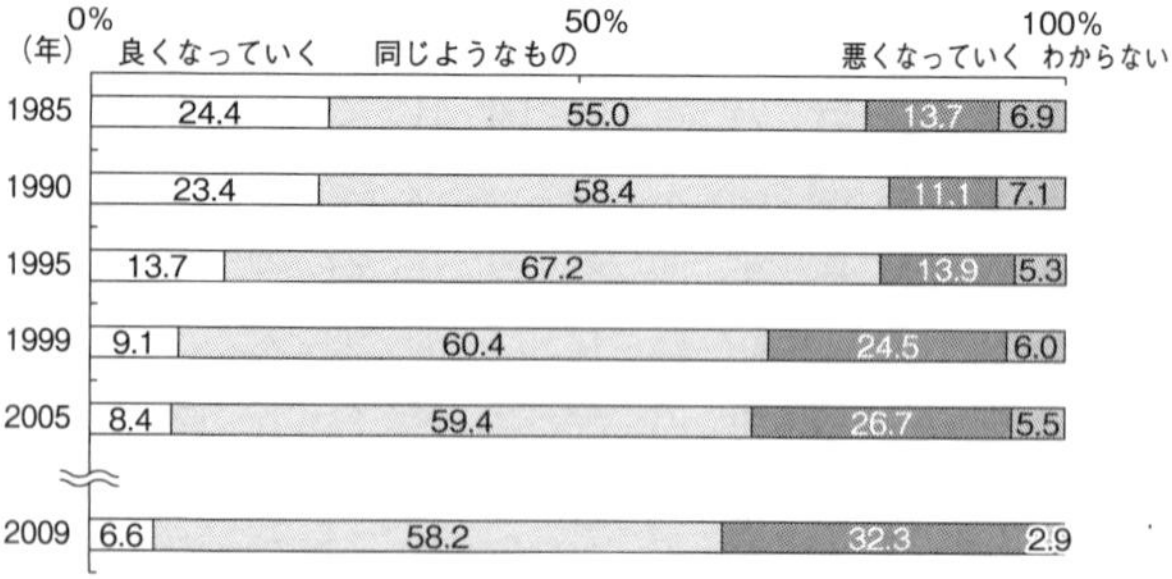

出典：内閣府大臣官房政府広報室「国民生活に関する世論調査」

ていく」と答えた人の割合が一三・七％で、「良くなっていく」としていた人の方が二倍近くも多かった。しかし一〇年後の九五年には、「良くなっていく」が一三・七％、「悪くなっていく」が一三・九％とほぼ同数になり、更に一〇年後の二〇〇五年には、「良くなっていく」が八・四％、「悪くなっていく」が二六・七％と、「悪くなっていく」と見通す人の方が三倍も多くなってしまっている。そしてこの二〇年の間、ずっと継続して「良くなっていく」と見通す人の割合は減り続けて三分の一になり、「悪くなっていく」と見通す人は増え続けて二倍にもなった。まさに構造的シフトと言うべきほどの国民意識の変化である。

そして「あなたは日頃の生活の中で、悩みや

不安を感じていますか？　それとも感じていませんか？」という問いに対する答えにも同様のトレンドが表れている。八五年には「不安を感じている」と答えた人が五〇・七％であったのに対して、「感じていない」と答えた人は四七・六％とほぼ拮抗していた。しかし一〇年後の九五年には「不安を感じている」人が五三・九％、「感じていない」人が四四・四％と不安を感じている人の方が多くなり、またその一〇年後の二〇〇五年には「不安を感じている」人が六六・四％、「感じていない」人が三二・一％と、不安を感じている人の方が二倍にも達した。

社会保障が一位、高齢化対策が二位

そして同調査は、そうした生活実感を背景にして、「政府はどのようなことに力を入れるべきか」という質問も行っているのだが、その答えはこれからの日本が進むべき道を明確に示している。

二〇〇五年時点で、国民が政治に望むこととしては「医療・年金等の社会保障構造改革」が六一・三％でダントツの一位である。直近の二〇〇八年の調査結果では「医療・年金等の社会保障構造改革」を求める声は七二・八％と更に高まっており、〝社会保障〟が

90年には生活の不安を感じている人といない人が拮抗していたが、09年には不安を感じている人は感じていない人の2倍以上に

あなたは、日頃の生活の中で、悩みや不安を感じていますか、それとも感じていませんか

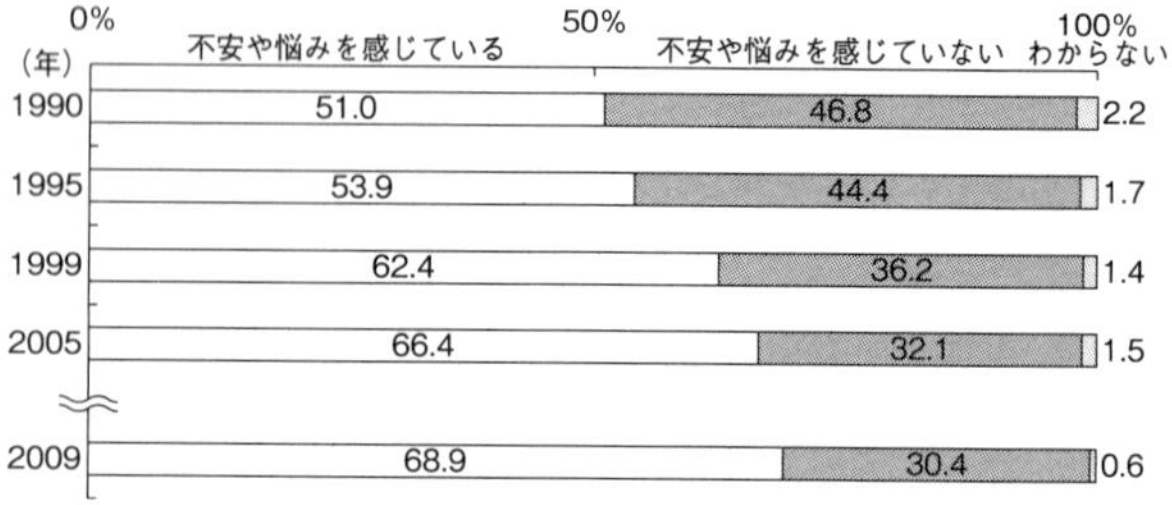

国民が政府に望んでいるのは、
1位「社会保障の充実」、2位「高齢化対策」

あなたは、今後、政府はどのようなことに力を入れるべきだと思いますか (2008年)

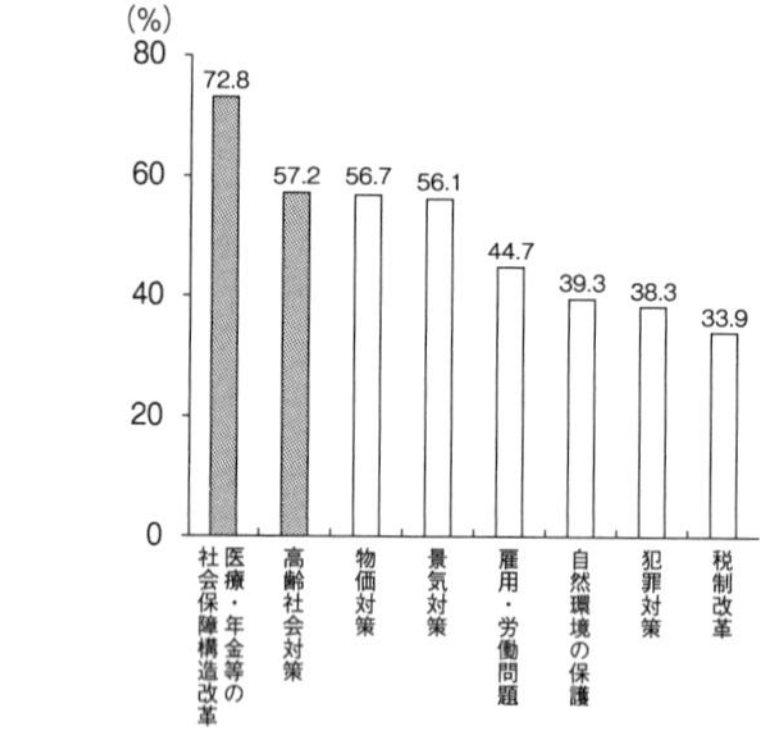

出典：内閣府大臣官房政府広報室「国民生活に関する世論調査」

総人口が増えない中、高齢者数は急速に増加しつつある。
2020年には、高齢者が国民の約3割

高齢者数の推移

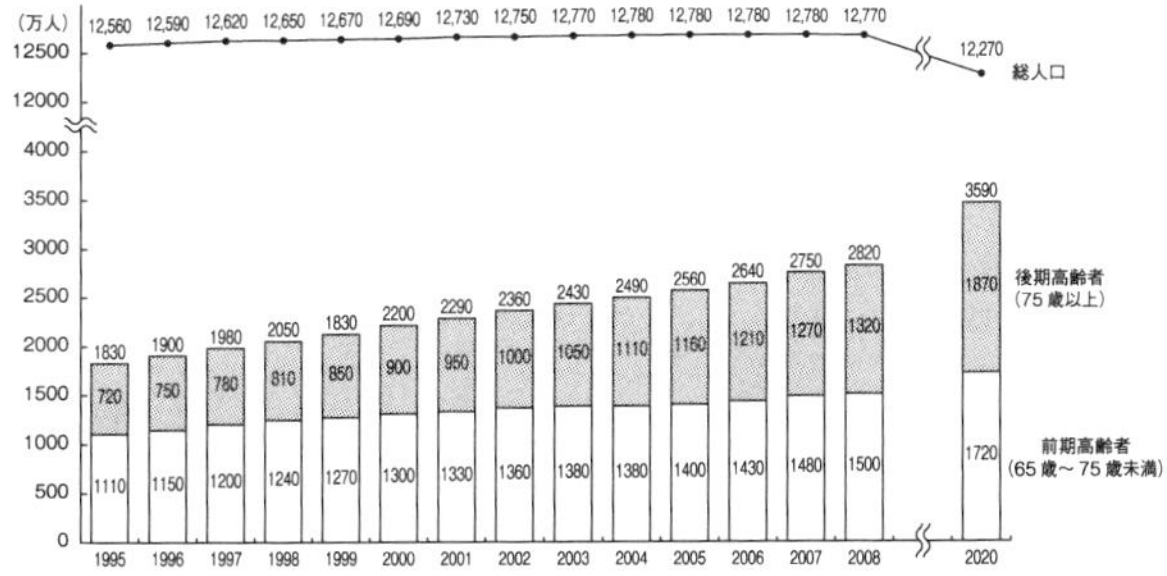

出典：厚生労働省、人口統計資料集

これからの日本社会における圧倒的な関心事であり、最も強く求められていることが解る。

ちなみに二〇〇八年の同調査において、景気対策や物価問題、雇用問題等を抑えて「高齢社会対策」が五七・二%で二位であった。この答えにも国民の社会問題に対する冷静で的確な判断が表れている。これからの日本のヴィジョンを考えていく上で重く認識しておかなければならないのは、「経済の成長フェーズが終わって、成熟フェーズに入った」ことと並んで「急速に高齢化が進んでいく」ことである。

現在六五歳以上の高齢者の割合が二二%と、既に世界一の超高齢化社会であるが、今後も高齢化の度合いは益々加速化していき、今から一〇年後の二〇二〇年には高齢者の割合が約三割に達することが予見されている。社会の高齢化が進むということは、働ける人の数が減少するという面と、高齢者に対する医療・福祉の費用が増加するという面の両面から、社会の負担を重くする。更に、日本は今後の一〇年間で労働力人口が七七〇万人も減少していくことも見えている。従って、社会の成熟と高齢化に対して的確な対策を急いで講じない限り、安心で豊かな社会を維持することができなくなってしまうのである。

格差は小さいが、貧困者が多い日本

また、高齢者の増加に対する対応だけでなく、成長の止まったフェーズの社会では慢性的低成長経済となり、失業者や貧困者も増加していく。現在の日本の格差はジニ係数で見ると〇・三一四（OECD調査）と比較的小さいが、これはわが国には大金持ちがほとんどいないためにジニ係数が低く抑えられているのであり、貧困者の割合はかなり高い。

その国の平均年収の半分以下の収入しか得ていない階層を〝相対的貧困者〟と言うが、日本の相対的貧困者率は一四・九％にも達していて、OECD三〇ヶ国中ワースト四位である。ちなみに現在の日本の相対的貧困者の認定水準は、年収一一四万円と生活保護を受けられる収入水準（三人世帯で二〇〇万円程度）よりもかなり低いのだが、それでも相対的貧困者層に属する人が約一九〇〇万人も存在するのである。

しかも貧困者階層は、現在の経済状況の下では更に増加していく可能性が高い。〇九年時点での失業者数は三四〇万人であるが、企業が政府から雇用調整助成金をもらって解雇するのを踏みとどまっている潜在失業者とも言うべき労働者が二四〇万人もいる。これら約六〇〇万人の人達も失業給付が切れたり、実際に解雇されてしまったりしたら、貧困者層に入ってしまう可能性が高い。

こうした状況と今後の経済予測を合わせて考えると、また先に示した国民の生活意識に関するデータを踏まえると、これからの日本の国家的テーマとしては、高齢者を含む社会的弱者に対する対応策が極めて重要になることは明らかである。かつては、広く国民全員が安心して暮らせ、豊かな生活を営むことができるようにするために、国家は経済を成長させて家計の所得を増やすことによってそれを実現させて来たわけだが、今後はGDPの成長は見込めない。となると、高齢者や貧困者層を特に念頭において、国民全員が不安なく生活をしていくだけの社会保障サービスを提供することを最も重要な国家の使命として掲げることが強く求められるのである。

医・食・住を保障するという社会インフラ

以上見て来たことを踏まえて考えると、今後国家が提供すべきサービスとは、端的に言うと「国民全員に、医・食・住を保障すること」ということになるであろう。人が生活の中で最も深刻な不安を感じるのは、食べることの不安、住むことの不安、病気になった場合の不安、そして老いて介護が必要になった場合の不安である。もし、失業しても、病気になっても、食べることと、住むことと、病院にかかることが、国民全員に保障されていたならば、どれほど安心して生活することができるだろうか。

医・食・住が国家によって保障されるようになれば、人はこの国で安心して生まれ、育ち、働き、老後を送ることができるようになる。「国民全員に医・食・住を保障すること」が、国民が不安なく前向きな生活を営み、活力ある社会を運営するために何よりも有効であると考えれば、このサービスこそがこれからの時代に求められる公共財であり、新しいタイプの社会インフラだということになる。

医・食・住を保障するという社会インフラへの投資は、これまで行って来た道路やダムといった産業インフラへの投資よりも、成熟型国家においては投資効果、国民の満足度ともに明らかに大きい。経済成長を通して国民の生活を豊かにするという方法論が有効性を失った今、日本が新しく指向すべきは国民の誰もが安心して人生を送れるような生活保障の社会インフラを整備することであり、それは具体的には国民全員に医・食・住を保障することなのである。

五・四兆円あれば、医療・介護はタダになる

では、どのような方法論によって、国民全員に対する医・食・住の保障を実現すれば良いのか。いや、その前にそもそもそんなコストのかかる政策は、厳しい財政事情が続くわが国では非現実的ではないのか、という疑問を持たれる方もいるであろう。

このヴィジョンを実現していくための経済政策と社会のしくみについて解説する前に、まず「国民全員に、医・食・住を保障すること」が財政的に十分可能であることについて説明しておこう。

現在の日本の医療費は、約三四兆円と金額は膨大であるが、実はそのうちの八五％以上はわれわれ国民が支払っている社会保険料や税金によって既にカバーされている。従ってわれわれが病院に行ったり、その帰りに処方箋薬局で薬をもらったりする時に支払ってい

医療費の患者の窓口負担は4.8兆円

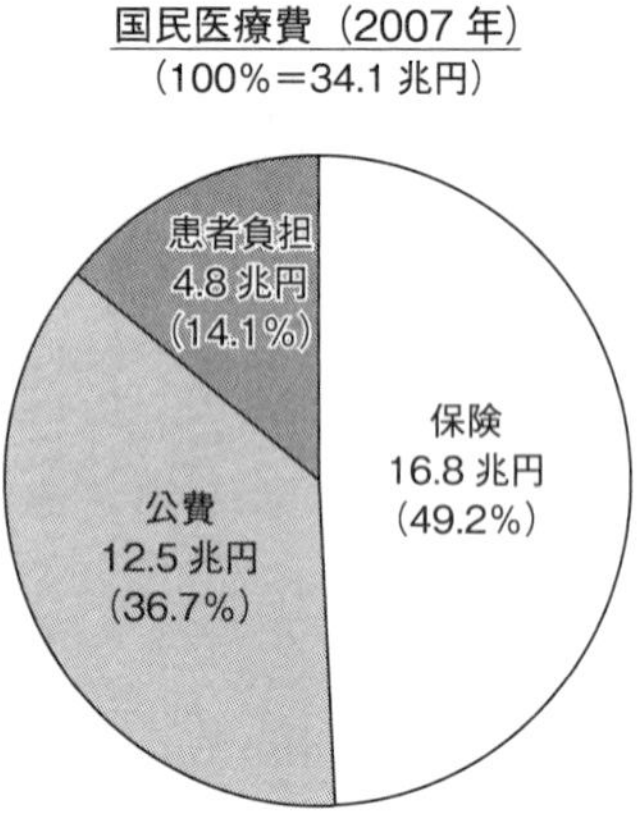

出典：厚生労働省（国民医療費）

る金額は総医療費の一四％、四・八兆円なのである。ということは毎年四・八兆円の財源の手当てさえつけば、現行の医療サービスはタダで受けられることになる。

　同様に、これから益々増加していく介護の費用を全額公的負担で賄うことも十分に考えられる。現在の総介護給付費は約六・四兆円であるが、約九割は介護保険と税金によってカバーされている。個別のサービスを受ける度に個人が追加的に支払っているのは残りの約一割弱、六〇〇〇億円である。

　このように、国民の最大の不安の種である医療と介護を完全無料化するための追加的に必要となるコストは合計で約五・四兆円で済むのである。

　ただし、医療も介護も無料になったら、利用者の歯止めが利かなくなって現行水準を大きく上回ってしまうという懸念もある。もし仮に、国民が今よりも二割増しで医療や介護サービスを使うようになったとしたら、その負担増は総医療費・総介護費用の二割増しになるわけであるから追加的コストは一三・五兆円と大きな金額に膨れ上がってしまう。

しかし私は「それでも良いではないか」と考える。これからの日本の政治家と日本国民にとって、成熟社会におけるお金の使い方とはそういうものである、との覚悟が必要だと思う。

これまでのように、赤字が見込まれている空港の開設に巨額の税金が投入されたり、タダ同然で民間に払い下げなければならないかんぽの宿やしごと館に湯水のように公費が使われたりしているのと比べると、「タダになったのなら念の為にちょっと診てもらおうか」という高齢者のわがままは決して非難されるべきではない。高齢者を含む社会的弱者が安心して生活を送れる社会の理念と覚悟とは、そういうものである。

一〇兆円あれば、全ての貧困者の生活を保障することが可能

医療・介護に次いで今度は生活保障を充実させるための費用を見てみよう。

こちらの追加費用も、国民が得られる安心感の大きさと比べると追加コストは意外に大きくない。日本は相対的貧困者層の比率が一四・九%にも達していてOECD三〇ヶ国中ワースト四位であり、年収一一四万円以下の人が約一九〇〇万人（七二〇万世帯）も存在

すると紹介したが、もし八・六兆円あれば全ての相対的貧困者世帯に毎月一〇万円ずつ支給することができる。相対的貧困者世帯は月々の収入が一〇万円にも満たないわけであるから、医・食・住の全てに不安を感じているであろう。ここに毎月一〇万円ずつでも無条件で手当てが支給されることになれば、どれほど心強いかは想像に難くない。

別の計算方法もある。現実に生活保障を実現するための追加コストを算定するには、現行の生活保護制度の充実で考えるのも分かり易い。生活保護の手当てを支給されている世帯数は現在約一一五万世帯であるが、その数字は生活保護手当てを受けることのできる条件を満たしている人達の二割程度に過ぎないと言われている。

何故二割の人しか受給されていないかというと、手続きが面倒なために申請に来ていない人が多いのと、かの悪名高い「水際作戦」のためである。「水際作戦」とは、生活保護の申請に来た人達に対して、社会保険事務所の窓口の担当者が様々な難くせをつけたりプライドを傷つけるような言葉を投げかけたりして、「そんなひどいことを言われるくらいなら、生活保護は要りません」と言わせて追い返してしまうやり方である。実際、こうした水際作戦にあって生活保護を受けることを断念した五二歳の男性が餓死してしまった事件が二〇〇七年に発覚して問題の深刻さが明らかになった。

福祉の現場において断じてあってはならない対応態度であるが、これは生活保護に当てられている予算の少なさが背景にある。現在は二・六兆円しか生活保護予算に当てられていないため、生活保護対象世帯の二割しかカバーできていないが、もし一〇・四兆円の追加予算があれば、カバー率を一〇〇％にすることができるのである。現行の生活保護の金額は、三十代夫婦に子供一人の家族で月額二〇万円前後と決して低くはないので、この生活保護給付に子供一人当り月額二万六〇〇〇円の子供手当てが加算されると、生活の心配はずい分と軽くなるはずである。

「不信と敵意に満ちた社会」を作らないために

ここで生活保護に関する最近の議論についてコメントをしておきたい。

生活保護を手厚くして生活困窮者を救おうとする主張に対して、生活保護を受けずに身を粉にして働いている人が居るのに、ろくに働きもせず生活保護費の支給を受けて頑張って働いている人以上の生活を享受しているのはおかしいという批判がある。しかしその批判は正しくない。そもそも身を粉にして働いても生活保護水準以下の収入しか得られない労働条件こそがおかしいのであり、その労働条件を改善することがまず必要な対応である。

また、様々な悪条件が重なって生活保護水準以下の収入しか稼げない人がいたならば、その人も生活保護なり、他の福祉手当てで収入が補塡されるべきである。医療・介護のところでも述べたが、成熟化社会において国民が安心して生活していくことができる社会を作るためには、財政も法律も行政もそういう社会的弱者に対して最優先的に手を差し延べることが何より重要なのである。

国民全員に対する医・食・住の保障は成熟化社会における公共財であり、社会インフラであると述べたが、そうした財政や法律や行政機関という国家の機関的インフラの根底には、そのような公共財の提供を国家の責任事項とする国民のコンセンサスがまず求められる。社会が成長フェーズにある時には産業政策重視の政策によって社会全体の経済水準が向上し、その経済成長を通して社会的弱者にも恩恵が及ぶというメカニズムが成立していたが、成熟化社会ではそのメカニズムはもはや成り立たないことを忘れてはならない。低成長、高齢化が進んでいく社会では、成長フェーズのしくみのままでは社会的弱者はどんどん増加し、困窮の度合いは深刻化していく。一部の強者だけが豊かな生活を享受し、多くの弱者が不安を抱えながら貧困にあえぐという姿は前近代のものである。そして、その先にあるのは、不信と敵意に満ちた社会の混乱である。決してこの国に生まれ、育ち、働き、老後を送っていきたいと思える社会ではない。

ポスト近代のトンネルをくぐり抜け、これから人口減、ゼロ成長の成熟化社会に入っていく国家の国民としては、新しいフェーズの様相に合わせた理念と知恵を持たなければならない。そのためにも、国民の全てに生活の安心を提供するためのしくみや制度を社会インフラとして整備することは国家の最優先課題であるが、その前提条件として社会的弱者に対する福祉と互助を是とするコンセンサスがまず必要なのである。

追加コストは「たったの二四兆円」である

以上、全ての国民に、医・食・住を保障するための追加的コストについて見て来たが、大きな費目はこれくらいのものである。医療費・介護費用が二割増しになった場合で一三・五兆円であり、そして生活保護を十全に機能させるために必要となるのが一〇・四兆円と、合わせて約二四兆円である。

この二四兆円という金額を意外に小さいと見るか、大き過ぎてとても賄えないと見るかは、人によって判断が異なるかもしれないが、筆者は「これくらいの金額であれば簡単に捻出できる」という立場である。

最も大胆に言ってしまえば、日本の国民負担率をフランス並みにすれば、七五兆円もの増収を見込むことができ、二四兆円という追加コストを賄っても五一兆円ものおつりが来るのである。ドイツ並みの国民負担率で四五兆円、イギリス並みでも三二兆円の増収になり、いずれにせよ先に計算した二四兆円という追加コストを賄って十分に余りある金額である。つまり仏独英並みの負担と社会のしくみに倣えば、国民全てに医・食・住を保障することはそれほど難しいことではないのである。

財源確保の具体策

言葉の説明が前後してしまったが、国民負担率とは、家計と企業が得ている所得のうち税や社会保険として国家に納める金額の割合を示すものである。ちなみに、日本の国民負担率は現在約四一％で先進国の中ではアメリカ（三五％）に次いで下から二番目の水準である。つまり日本は先進国の中では二番目に税金や社会保険といった公的負担が低い国なのである。成熟化社会に向けて国民生活を安心なものにするために社会保障を手厚くしていくことが不可欠であるが、そのためには国民負担率のアップは避けては通れない課題である。例えばイギリス並みの国民負担率（四八％）では、日本の国民負担率は一〇％アッ

日本の国民負担率は、先進国の中ではアメリカとともに最も低い水準

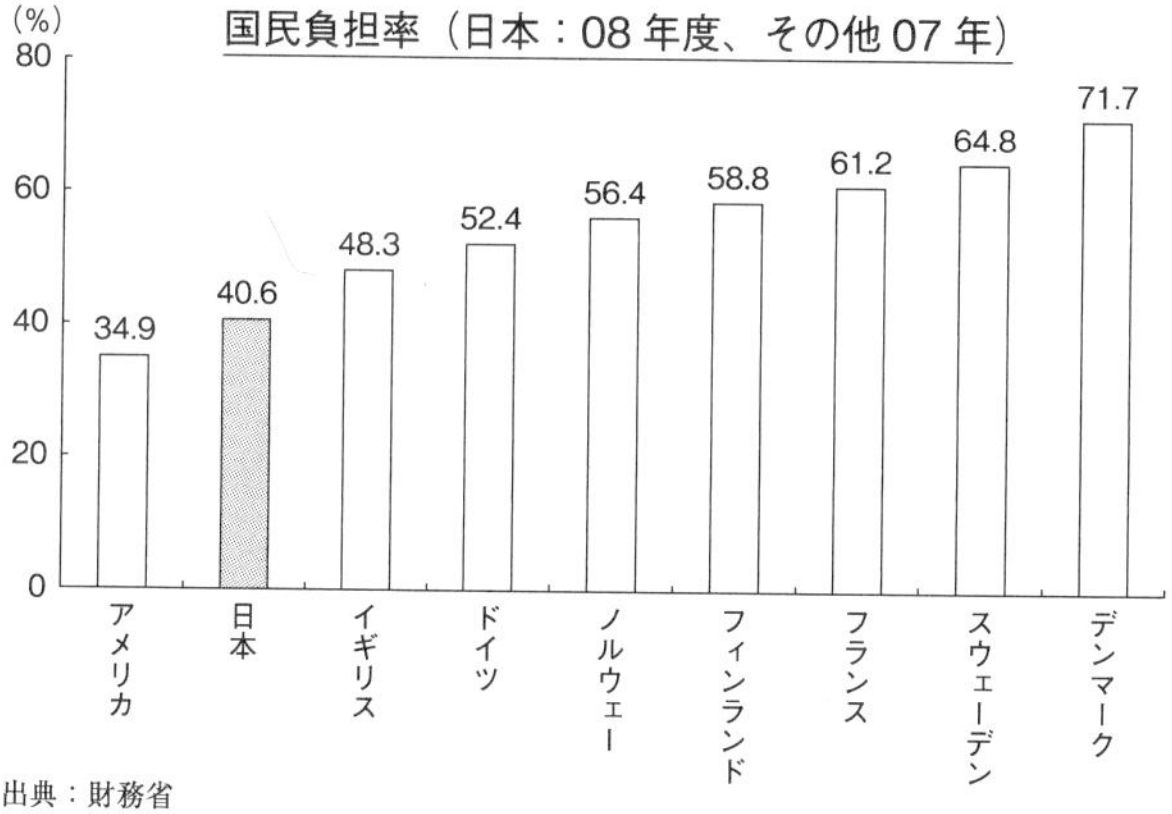

出典：財務省

プになり、フランス並み（六一％）であれば、二〇％アップということになる。

以下、国民負担率の一〇％アップ〜二〇％アップを念頭において、可能性のある財源のアイデアを幾つか示しておこう。

①消費税

まず最初に目につくのが消費税率のアップである。先進国における消費税率は今や一五％〜二〇％が主流である。例えば先進五ヶ国の例でみると、フランス一九・六％、ドイツ一九％、イギリス一七・五％となっており、国民負担率が日本より低いアメリカですら八・八七五％（ニューヨーク州）である。成熟化社会を迎えて福祉政策の財源を確保するためには、景気の波

の影響を受け易い所得税よりも安定した税収を見込める消費税は格好の財源であり、今後わが国の財政を考える上で消費税率の一〇%程度のアップは当然考えなければならない選択肢である。ちなみに消費税率一〇%アップによって追加的に確保できる財源は約二二兆円になる。これだけで先ほどの医療と介護を無料にし、生活保護のカバー率を一〇〇%にするための二四兆円という追加コストはほとんど賄えることになる。

消費税はその特性として安定的な財源であるという利点はあるものの、成熟化社会における福祉政策の強化という目的に対しては一つのデメリットがある。それは所得に対する逆進性の問題である。所得税は所得金額が大きくなるのにつれて税率を上げるという累進課税方式によって、豊かな人からより多く集め、貧しい人には負担を軽くするという工夫を施し易い。しかし消費税は、高額所得者に対しても低所得者に対しても同率で課税されてしまうため、低所得者の方が相対的に負担感が大きくなってしまう性質があるのである。

もちろん低所得者に重い負担をしてもらったとしても、その分手厚く遇することで対処することは可能ではあるものの、できれば担税能力の大きい層に多くを負担してもらう方が成熟型福祉社会の理念に合致していることになる。お金持ちから多く集めるという観点からしばしば提案される税が、所得税の累進性を今よりも高める方法と、贅沢品・奢侈品に対して高い税率を課する物品税である。しかし九〇年代以降、日本の税制はよく働いて積極的にお金を儲けようとすることに対するインセンティヴを高めるために、所得税の累進性を一貫して下げて来た流れにあるし、物品税に関しても何を贅沢品・奢侈品とみなすかという課税対象の選定における恣意性を排除するために旧来の物品税を廃止して来たいきさつがある。こうした税制の理念や流れを考えると、極端な累進税率の復活や贅沢品・奢侈品に対して重税を課すやり方は、あまり適切ではない。

②金融資産課税

では、消費税以外に何に対して課税するのが良いか、というと「資産課税」が適切である。資産課税は消費税の持つ所得に対する逆進性を緩和する税制である。一般に多く稼ぐ人は多くの資産を保有しているものである。そこで多くの資産を持つ人ほど多くの税金を負担してもらうことになる資産課税は、所得の再配分機能に優れた、福祉社会と相性の良い税制だと言うことができるのである。

しかもこれからは土地だけでなく金融資産も資産課税の対象とすることが望ましい。そもそも資産を現金や預金の形で持っていれば課税されないのに、そのお金を土地に換えた途端に固定資産税を課されるというのは資産形態間の公平を欠く。その意味でも今後の新しい財源としては、所得の再配分機能が高く、しかも資産形態間の不公平を正すことのできる金融資産課税を導入すべきである。

実際に金融資産課税を導入する時の税率については、免税の範囲を設けるのか設けないのかということを含めて十分な検討が必要ではあるが、仮に土地に対する課税である固定資産税と同率の一・四％に設定すると、個人金融資産一四〇〇兆円から徴収される税額は毎年約二〇兆円にも上る。もし土地の方が資産としての有限性が高いという点を重く見て、金融資産課税の税率を一・〇％と多少低く設定しても一四兆円の税収になる。

このように金融資産課税による税収増は極めて大きな額を期待できるのであるが、金融資産課税を導入することは、それ以外にも副次的経済効果を二つも期待することができる。その一つは、ただ単に貯め込んでいたお金を使おうとするインセンティヴが働くことである。多額のお金をただ資産として保有しているだけでは毎年一・〇％ずつ課税されてしまうとなると、消費に回そうという意識が働くはずである。一四〇〇兆円もの金融資産のうち仮に二％が消費に回されるようになればその額は二八兆円にもなり、経済の刺激効果は極めて大きい。

また、金融資産課税導入のもう一つの副次的経済効果は、金融資産の形態選択が多様化・積極化されるであろうという点である。ただ保有しているだけの金融資産に対して仮に一・〇%課税されるようになるとすると、できることなら一・〇%以上の利子や配当を求めたくなる。今はただ持っているだけでは課税されないので普通預金口座に眠らせている資産も、できることならより有利な資産形態に移し変えようという動機が働く。これは金融資産の積極活用化が起きるということである。

都市圏に保有している土地に対して税制上の優遇措置を講じることによって、ただの空き地として放置されていた土地がどんどんコインパーキングとして活用されるようになった前例がある。これと同じように、遊休資産化して眠っていた金融資産の積極活用が図られるようになることで経済活性効果を期待できるのである。

③相続税の大幅アップ

もう一つ大きな財源となり得る有力な課税対象がある。相続税の大幅税率アップである。資産課税といい、相続税といい、お金持ちのお年寄りばかりを狙い撃ちするようでやや気がひけるアイデアであるが、し方がない。今の日本は金融資産の三分の二以上を五五歳以上の年配者が寡占しており、お金持ちイコール高齢者という構図になっているためである。（高齢者イコールお金持ちではない、念のため。高齢者の中には介護費用や生活費の不安を抱えている方が多勢存在しているという事実は忘れてはならない）成熟化社会を迎えて、社会的弱者の生活の不安を解消するような福祉政策を実現しようとすることは、それは即ちお金持ちから社会的弱者に対して所得移転をするということである。従って、高福祉型の社会を目指そうとすると、お金持ちの負担が増えてしまうのは致し方がないことなのである。

現在も相続税の制度はあるものの、様々な免税措置があるために実際に相続税を支払う人はたった四%に過ぎず、しかも実際の実効税率は一二%ほどと言われている。日本人の個人資産は土地が約七六五兆円、金融資産が約一四〇〇兆円と、合計すると二一六五兆円にも及ぶのにもかかわらず、相続税による税収額は毎年わずか約一・五兆円程度と個人資産の〇・〇七%でしかない。遺産相続による社会階層の固定化と機会の不平等化の問題が指摘されている現実を考えると、相続税の実効税率を上げることは税収増という財政上のメリットだけでなく、社会の公正化の面でも意義は大きい。もし仮に、相続税負担者のカバー率と実効税率を上げて遺産額の五〇%を相続税として徴収することができれば、毎年の遺産額は金融資産一八兆円、不動産一〇兆円なので、税収として毎年一四兆円を見込むことができる上に、階層固定化の解消にもかなり効くであろう。

そしてまた、相続税率のアップは高齢者の消費の促進にもつながるので、経済の活性化効果も期待することができる。更には、遺産として残せないのなら公益のために寄付でもしようと考えるお金持ちも増えるであろうから、世界一寄付をしない国民という汚名を返上できるかもしれない。寄付は社会的に余裕がある人達による公益への貢献行為であり、高福祉社会の理念ともぴったり合致するものである。その意味でも相続税の実効税率アップは、税収アップ、階層固定化の解消、経済活力アップ、福祉社会の理念の体現という一石四鳥の効果を期待することができる極めて有力な選択肢だと考えられる。

イギリス並みで充分、余裕をみてもフランス以下

以上が「国民の誰もが医・食・住を保障される社会」を作るための財源の検証である。先に示した試算ではこの国家ヴィジョン実現のために必要となる金額は年間二四兆円程度であったのが、ここまでの追加的財源のアイデアだけでも十分に過ぎるほどである。増税幅を小さく抑える場合の設定として、消費税率一〇％アップ、金融資産課税〇・五％、相続税の実効税率二〇％とした場合で、合計三三兆円の税収アップになる。この場合の国民

負担率は四八・七％となり、イギリス（四八％）並みの水準である。

もし、近い将来の超高齢化を睨んで余裕を持った財源確保を図るのであれば、消費税率一五％アップ、金融資産課税一％、相続税の実効税率五〇％とすることも考えられるが、この場合には、約六〇兆円もの税収増になる。この場合の国民負担率は五六・七％となるが、それでもフランス（六一％）の水準よりはまだかなり低い。つまりこれくらい思い切った増税を行ったとしても、先進成熟国家としては十分に現実的な範囲だと言えるのである。

更に、本書の後半で検証していくが、現在の特別会計の埋蔵金や公務員制度の改革、また景気対策や産業支援という名目の前時代的な経済成長政策の無駄を排除することによって捻出可能な原資が少なくとも毎年二〇兆円程度期待できるのである。この金額を合わせると、合計約八〇兆円もの財政の原資が確保できることになる。

国民の心の準備と覚悟はできている

もしこれほどの税収増が実現すると、医・食・住の無料化に加えて、年金制度の完全一元化のための移行原資に当てたり、国債の償還を前倒しで進めたりと、より良い成熟化社会のしくみを積極的に整えていくことも可能になる。日本はこれから、人口的にも、経済的にも、確実に成熟の度合いを増していく。ならば、思い切って今のうちに成熟化社会のしくみ作りに向けて大きく舵を切り、可能な限りの対策を前もって実行するのも賢い選択なのではないかと思われる。

前節でも述べたが、国民はそのことを既に解っており、増税を引き受けることまで含めてその覚悟ができている。だからこそ、九〇年代以降の選挙行動において、前時代的な政策と政権に対しては一貫してNOを表明し、本格的な構造改革や政策の方向性を転換しようとした橋本、小泉、鳩山という政権に対して、高い支持と長い政権担当期間を承認した。この三者の政権は本格的な改革を指向していたという以外には何も共通項がないにもかかわらず、である。従って、国民の意識は、既に来るべき成熟化社会に向いていると判断して良いであろう。成熟化社会に向けての社会保障を充実させる政策を求めると同時に、国民はそのための負担増を引き受ける覚悟もできていると思われる。

時代が変わり、国家のフェーズが変わったことを、国民は既に十分に解っている。これからの日本社会における豊かで幸せな生活のあり方が変わっていくであろうことも十分に感じ取っている。バブルの時のような金の使い方や遊び方を懐かしむ人は五十代以降の世代にごく一部見られるだけで、〝悟り世代〟とも呼ばれる二十代、三十代の人達は車も欲しがらないし、浴びるような酒の飲み方もしない。彼らは、ボランティア活動や自然と親しむことに喜びを感じ、充実した生活意識を得ている。既に成熟化社会の理念とライフスタイルを先取りしているのである。

こうした時代の風をきちんと読み取ることができれば、本書が提起している「国民の誰もが、医・食・住を保障される国づくり」という国家ヴィジョンは荒唐無稽な絵空事でも、非現実的な画餅でもないことを納得できるであろう。新たな国民負担を引き受けてでも、喜んで推進していきたいという国民的コンセンサスの得られる国家ヴィジョンなのである。

Ⅱ 経済政策の転換

Ⅰ章では、「日本は既に成長フェーズが終わり、成熟フェーズに入った」ことを検証した上で、これからの日本が掲げるべき国家ヴィジョンとして「国民の誰もが、医・食・住を保障される国づくり」を提示した。そして日本人全員に医・食・住を保障することは、財政的には十分に可能であるということも数字を以て示した。

Ⅰ章の主旨は、日本がこれから目指すべき国家ヴィジョンを明確に示すことであったが、Ⅱ章ではそれを受けて、その国家ヴィジョンを実現するための方法論、具体的には主としてそれは経済政策になるが、について解説する。

日本の現在の経済政策は、旧来の成長フェーズ型のものから成熟フェーズ型のものへと変わっていくちょうど潮目のところにある。二つの大きな潮流がぶつかり合う潮目にあるために、個別の政策はぶつかり合ったり、打ち消し合ったりして、いまひとつ大きな効果が得られていない。

成熟社会においては、ヒトもカネも減少トレンドに入っていくので、いつまでもこうした混乱を続けている余裕はない。二〇一〇年から一〇年間で労働力人口は七七〇万人減少し、老人は六五〇万人も増加する。毎年人口七七万人の都市が一つずつ消えていく一方で、老人ばかりの六五万人都市が一つずつ出来てくる時代に突入するのだ。潤沢だと思われている個人金融資産も、二〇〇七年から二〇〇八年にかけて約一〇〇兆円も減少した。カネだっていつまでも余裕があるわけではない。

従って日本丸はいつまでも潮目にもまれてダッチロールしている暇なぞ無い。目指すべき成熟社会の国家ヴィジョンに向けて、正しい進路に舵を切り、効率良く、迅速に進んでいかなければならない。

これまでとは全く異なった潮流の中を突き進むことは意外に難しいものである。流れの向きも、波の高さも違うので、舵を切っても思ったようには曲がらなかったり、エンジンを吹かしてもスピードが上がらなかったりするものである。企業も国家も「成長は全てを癒す」と言われるが、「成長が止まると、全ての問題が吹き出す」のである。成熟社会における経済政策の舵取りは、成長社会のそれよりもはるかに難しい。それまでの常識が通用しないことが多く、全く違った政策を採用しなければならない局面が多々存在するのである。

II章では現在の日本社会の閉塞状況を脱出して、国民が安心して生活し豊かな人生を送れる社会を実現していくための経済政策について解説する。

一　成長戦略は要らない

Ｉ章で示したような「国民の誰もが、医・食・住を保障される国家」の実現を目指す上で、敢えて基本に据えるべき経済政策の考え方は、「成長戦略は要らない」というものである。

敢えてと断ったのには理由がある。

旧来の経済政策は全てが経済成長のために行われていたと言っても過言ではない。産業政策も税制も、どの産業をどう扱えば経済成長を促進するのか、どの税目をどれくらいの税率にすれば経済成長に寄与するのか、という視点から決定されていたし、不況の時の景気対策を財政政策にするのか金融政策でいくのかというのも、どちらが経済成長により有効かという観点で議論されていた。どういう産業政策にすれば産業間の公平性が保てるかとか、どういう税制にすれば格差解消に繋がるか、という観点で決められていたわけではない。仮に格差を解消するための税制が導入されたとしても、格差を解消した方が景気回復に繋がり、ひいては経済成長に寄与するからそうするだけで、決して格差解消を根本目的として検討されていたわけではなかった。

経済政策だけではない。日本の教育制度や法律までも、経済成長に貢献し得るように定められていた。

主要五教科がどれもそこそこのレベルで平均的にできる人材を育てるための画一化教育は、高度経済成長の主流業務である定型・標準型の業務に向いた人材を大量に育成するために計画されたものである。個々人の個性を突出して伸ばそうとする個人主義教育は、標準型の業務をそつなくこなすことが求められる組織人には向かないので重視されなかった。法律にしても、他の先進国と比べて経済事犯の罰則が極端に軽かったのは、公正さよりも企業活動の都合を優先して定められているように見える。道路整備においては、住み易い街づくりよりも経済物資の輸送効率が優先され、コンサートホールを造るのも文化振興のためではなく、本当の目的はハコモノ建築による経済成長と景気対策である。

「失われた一〇年」を「失われた二〇年」にした景気対策

ことほど左様に、これまでの政策は全て経済成長を目的にして組み立てられ、運営されて来た。しかしI章で詳しく検証したように、既にわが国では成長フェーズは終わっており、明らかに成熟フェーズに入っている。今さら経済成長を目的にした政策を実行しても奏功しないばかりか、副作用の方が大きい。産業構造のバランスを歪めてしまったり、財政赤字ばかり積み上がっていったりと、老人に霜降りステーキの例えの通りになってしまうのだ。

九五年以降二二六兆円もの緊急経済対策を行って、日本経済が成長し得たのかと言うと、〝失われた一〇年〟が〝失われた二〇年〟に延びてしまっただけである。麻生内閣が行った七五兆円というとんでもない大盤振る舞いによって日本が再び経済成長路線に戻れたのかと言うと、今も後遺症の真っ只中である。今の日本では、そしてこれからの日本でも、経済を成長させようとしても、経済成長政策は効かないのである。

正確に言うと、これまでの日本の経済政策の誤りは成長戦略と景気対策が混同されて来たことである。かつては経済成長を促進する役割を果たしていた土木建設業が、経済成長を支援する機能を喪失したにもかかわらず九〇年代以降も経済政策の中での主役の座を降りなかったことが最大の失敗なのである。

九〇年代以降の長く続く不況の中で経済政策として講じられたのは、景気対策ばかりになってしまった。毎年のように何兆円も何十兆円も緊急経済対策を行っていたのである。成長戦略については論じられることはあっても、景気対策一辺倒の流れの中で成長戦略の実質は薄れ、本当に有効な成長戦略に真剣に取り組む姿勢が消えてしまったのである。建前として成長戦略を語りながら実質としては景気対策しかやらない、という九〇年代以降の日本型経済政策はこのようにして出来上がったのである。

従って、これからの経済政策を検討していく上で掲げるべき「成長戦略は要らない」という宣言に込められたメッセージは、「景気対策は止める」というものでもある。そもそも国民の誰もが生活を保障されていれば、目先の景気対策の重要度は極めて小さい。むしろより重要なのは、長期的な視野に立った実質的で本格的な成長戦略の方である。

いずれにせよ、今だに経済政策の議論になると条件反射のように必ず取り沙汰されるのは、財政出動による土木建設系の公共事業か、企業の資金繰りを支援して弱体企業を延命させる金融支援ばかりである。こうした旧態依然とした発想と施策では経済を成長させることができないどころか、むしろ経済構造の新陳代謝を遅らせて経済成長を阻害してしまうのである。

そして何より深刻な悪影響は、「国民の誰もが、医・食・住を保障される社会」の実現を遅らせてしまうことである。だからこそ、敢えて「成長戦略は要らない」、「景気対策は止める」と宣言することで、従来型の効果の無い経済対策に陥らないようにする必要があるのだ。

主軸は産業構造のシフト：福祉産業と輸出産業

では、成熟化時代に取るべき経済政策とはどのようなものか。

今後取るべき経済政策の核心は、一言で言うと、「産業構造のシフト」である。具体的には二つのテーマがある。一つは、旧いスタイルの公共事業の典型産業である土木建設業のウェイトを軽くして、社会保障・福祉サービスを担う産業を充実・拡大させることである。もう一つは、今後も外貨を稼ぎ続けることができるような国際的に競争力のある新しい分野の高付加価値型の輸出産業を育成していくことである。

これら二つのタイプの産業育成によって、成熟化社会に適合した産業構造にシフトしていくことが、これからの経済政策の主軸になる。

しかしこうした産業構造のシフトを図る大前提として、これまでの常識であった公共事業型の経済政策から脱却する必要がある。二つのテーマについて詳しく解説していく前に、まず古いスタイルの公共事業体質から脱却しなければならない理由について説明しておこう。この説明の中にも二つのテーマの必然性と有効性が読み取れるであろう。

公共事業の三つの効果

土木建設中心の公共事業が既に経済成長を促進する効果を失ってしまっていることについては、I章でも述べて来たが、そもそも有効な公共事業とはどのようなものであるかについて考えてみよう。

公共事業が持つ経済成長に貢献する効果、景気対策としての効果は主として三つある。その第一は、道路のような産業インフラを造ることによって経済活動全般の効率性が向上することである。例えば、東名高速道路があるのとないのとでは、東京―東海―名古屋間の物資の輸送効率は大きく違う。要する時間は大幅に短縮され、輸送可能な物資の量は飛躍的に伸びる。従って東京―東海―名古屋間の交易が活発化し、地域間の分業と協業が進み、市場スケールが拡大することになる。このような経済活動効率の向上が第一の効果である。

第二の効果は、波及効果または乗数効果と呼ばれるものである。再度、東名高速道路の例で言えば、東名高速道路を造るためには大量の鉄やセメントが必要になる。従って高速道路の建造を請け負った建設会社が潤うだけでなく、鉄鋼会社やセメント会社の仕事も増えるし、それらの物資を運ぶ運送会社も儲かることになる。鉄鋼会社は大量の電力を使うので電力会社も儲かるし、セメント会社は石灰石を運ぶので海運会社も儲かるし、運送会社はトラックを増やすのでトラックの製造会社も儲かるのである。このように道路の建造を請け負った建設会社を起点に仕事の発注が次々と波及していく効果を波及効果または乗数効果と言い、高度経済成長期では一兆円の公共事業は二兆円以上の波及効果を生む、即ち〝乗数〟が二・〇以上であった。つまり、成長フェーズでは公共事業にお金を投入することは経済的に合理的な投資であったのだ。

そして第三の効果は、雇用の創出である。一般に景気が悪い時には失業者が増える。失業者は収入が無くなるのでお金を使わない。そうなると自家用車や家電製品といった高額品ばかりでなく衣料品や食料品といった生活必需品に至るまで全般的に需要が落ちてしまい、益々景気が悪くなる。しかし公共事業によって雇用を創出すれば失業者に所得が回るのでそのお金が消費に回り、景気の下降連鎖をくい止めることができるのである。特に道路建設を典型とする土木工事は大量の工事従事者を雇うことができるので雇用効果と所得効果が大きく、景気対策としての有効性が高かったのである。

「二本目の高速道路」と「僻地の高速道路」は効果無し

しかし、これらの効果が狙い通り得られたのは成長フェーズでのことであって、成熟フェーズに入ると土木建設型の公共事業は一気に有効性を低下させてしまった。

第一の産業インフラ整備による経済効率改善効果は今やゼロに等しいのではないかと考えられる。例えば、東京―東海―名古屋間に高速道路が一本も無かった時に東名高速道路が開通すればその効果は絶大であろう。しかし、既に一本高速道路が通っている区間に並行してもう一本高速道路を造ってみたとしても、つまり〝第二東名高速道路〟を造ったとしても、二本目の効果は一本目と比べてはるかに小さいことは明らかである。またださらと言って、いわゆる僻地と呼ばれる所にまで高速道路をどんどん延ばして行っても、そもそもの輸送ニーズが小さいわけであるから大きな経済効果が見込めるはずもないのである。

九〇年代後半以降の土木建設型の公共事業は、明らかに〝二本目の高速道路〟や〝僻地の高速道路〟化している。空港の例で言えば、大阪伊丹空港がありながら関西国際空港を造り、神戸空港まで造ったのは典型的な〝二本目の高速道路〟であり、今年開港した茨城空港は〝僻地の高速道路〟そのものである。

乗数効果は今や一・〇以下!?

また第二の効果である乗数効果も九〇年代以降はみるみる低下して来ている。七〇年代までの高度経済成長期には波及効果の乗数は二・〇を超えていたが、九〇年代後半以降は一・一〜一・二程度まで低下してしまっている。

理由は幾つか考えられるが、その一つとして主力産業の代替りが挙げられよう。かつて高度経済成長期は鉄鋼やセメントといった重厚長大産業が日本経済の成長を牽引する主力産業であったので、その部門に大きな需要が発生することが直接的に経済のエンジンをフル回転させる効果があった。大規模な設備投資を必要とする重厚長大産業は、設備の稼働率の高さが収益性を大きく左右する。そのため、不況の時に受注が一割増えると利益は一〇倍に増えたりするので、公共事業による景気刺激策の効果が特に大きかったと考えられる。しかも日本経済全体の中での重厚長大産業の占めるウェイトが高かったので、そうした主力産業が活況を呈すると日本経済全体の景況を好転させる効果が大きかったのである。

しかし九〇年代後半以降はそうした構図が大きく変わってしまった。

九〇年代以降は経済のＩＴ化、ソフト化が進み、公共事業によって直接恩恵を受ける重厚長大産業が日本経済の中に占めるウェイトが低下したことが、公共事業の経済効果が小さくなってしまったことの大きな要因だと考えられる。七〇年代には鉄鋼業は日本のＧＤＰの中で四・一％を占めていたし、セメント業も一・五％であった。九五年にはそれぞれ一・八％、〇・九％とそのウェイトが半減している。従って鉄鋼、セメントといった重厚長大産業向けの需要拡大を狙った公共工事を行っても、日本経済全体へのインパクトは必然的に小さなものにしかならなくなってしまったのである。

ちなみに、道路や空港といった産業インフラの整備による経済効率改善効果がほとんどゼロになってしまったのが八〇年代後半から九〇年代にかけてであり、重厚長大産業が日本の主力産業の座をエレクトロニクス産業やＩＴ系産業に明け渡したのが、ちょうどその時期である。

お金を直接渡す方が合目的的

そして公共事業の三つ目の効果、雇用の創出効果についてはどうであろうか。
実は三つ目の効果である雇用の創出については、今なおその効果はある。

考えてみれば、これは当然のことで、公共による発注によって巨額の税金を投入して仕事を作るのであるから、雇用を生むことになるし、またそのお金の一部は当然その仕事に携る労働者に支払われることになって、所得効果が発生する。この効果が活きているからこそ、九〇年代以降常に公共事業の無駄が指摘されながらも、延々と高速道路は延び続け、新しい空港が次々と開港し、ダムが増え続けて来たのだ。

失業者にとって日々の生活の糧を得ることは何よりも大事である。一〇年先に完成する空港の経済効果よりも、明日の食費や電気代の支払いの方が切実な問題であるのは当然である。世間の人々は、失業者のそうした事情と心情を分かっているからこそ、公共事業が無駄で非効率であることは総論では理解しつつも、今まで延々と続いて来たのである。

しかし、近年では新しい声も上がっている。どうせ失業対策として税金を使うのであれば、道路やダムを造ったりせずに、直接失業者にお金を渡してしまえという主張である。そうすれば鉄鋼やセメントや電力に無駄なお金を使わなくて済むので、その分だけ税金を節約することができるというわけである。第一の経済効率改善効果や第二の乗数効果がほとんど見込めなくなってしまった現状では、この考え方は合理的である。有効活用されない無用の長物を作るのはお金の無駄使いであるばかりでなく、鉄やセメントや電力などの資源の浪費でもある。所得効果を狙って無理矢理仕事を作るくらいなら、失業者に直接お金を渡す方がよほど合目的的である。

以上が、公共事業は既に経済成長には寄与しなくなっており、景気対策としても有効性が低下してしまっている構図の説明であるが、公共事業と経済成長に関するエピソードを一つ紹介しておこう。

公共事業をカットしたら経済は成長した

日本において公共事業を意図的に、しかもかなりの金額でカットした時期が一度だけある。それは小泉内閣による公共事業の圧縮政策が実行された期間で、〇一年〜〇六年の五年間、公共事業は大幅にカットされた。

その結果経済はどうなったかというと、何と順調に成長したのである。小泉政権になる前の三年間のGDP成長率の平均が実質で〇・九%、名目でマイナス〇・六%であったのに対して、公共事業を毎年五%(四四〇〇億円)ずつ減らしていた〇二年〜〇六年の平均成長率は実質で一・九%、名目で〇・七%と日本経済は久しぶりの成長を謳歌したのであった。九〇年代に日本経済が成熟フェーズに入って以来、経済は低迷を続け、不況対策として巨額の公共事業が展開されて来たが、不況に対する切札のように思われていた公共事業をドンドン削減しても、経済は順調に成長し得たのである。

今後の経済政策を考えていく上で、敢えて「成長戦略は要らない」そして「景気対策は止める」と謳う事が重要であると述べた根拠もここにある。以上に説明して来たように、理屈の面でも事実の面でも、既に公共事業中心の成長戦略や景気対策を繰り出しても有効でないことは明らかである。

二　成長論から分配論へ

新しい国家ヴィジョン「国民の誰もが、医・食・住を保障される国」の実現を目指していくには従来型の経済政策は無効であることを示したが、それでは一体どのようにして新しいヴィジョンを実現すれば良いのかについて説明していこう。

新しいヴィジョン実現のための政策の中心テーマは、「どう分配するか」である。具体的に言うと、これからの政策テーマは、「生み出されたGDPをどの国民にどう分配すれば、生活の保障を公平・公正に提供できるのかを計画すること」である。この政策テーマは三つの点においてこれまでの政策とは大きく異なる。これまでの政策は「一つ一つの産業をどう成長させていくのかという、個別の成長戦略を足し合わせて国家経済全体の姿を計画する」というものであったが、これからの政策は政策の目的、政策の対象、政策の方法論という三つの点で全く違ってくるのである。

政策の目的は、これまでは経済成長を達成すること、これからは国民に生活の安心を保障することである。

政策の対象は、これまでは産業及び企業、これからは消費者であり労働者である国民。政策の方法論は、これまでは（産業・企業に対する）指導と管理、これからは国民に対して直接サービスを提供すること。

というように、これまでとこれからでは全く異なったものとなる。

そして、この政策テーマの大きな転換は、マクロ経済のテーマに則して言うと「成長論から分配論へ」ということになる。以下、この政策テーマの転換の必要性と有効性について詳しく説明していこう。

最初は成長論が国民全体に恩恵をもたらす

マクロ経済学は、経済政策の目的によってテーマを二つに分けて理解することができる。国民生活を豊かにするためには、何よりも国民経済全体で生み出す価値の総量（GDP）をより大きくすることが重要であるので、どういう経済政策を行えばGDPを極大化することができるのかというテーマを扱うのが「成長論」。そしてもう一つのテーマが、生み出された価値を国民の間にどのように分配すれば、国民全体の満足度がより高くなるのかを研究するのが「分配論」である。

社会がまだ発展途上、経済が成長途上にある場合は、国家の経済政策は「成長論」中心で行われることが合理的である、とされている。経済全体が勢い良く成長しているプロセスでは、貧しい人達も含めて国民全体に恩恵が及ぶし、貧しい人達の所得が増えていかないと経済成長が持続しない。つまり成長フェーズにおいては、成長さえ実現させれば、国民全体が豊かになっていくメカニズムになっているのである。従って政府の仕事は、財政政策や金融政策によってヒトやカネといった経済資源が有効活用されるように誘導したり、景気を刺激したりすることによって、いかに経済成長を促進させるのかを考えることが中心になる。

ちなみに、「公共事業」の正確な説明は、「政府の支出によって行われる、余剰労働を活用した公共財の創出」ということになる。公共事業の代名詞とも言うべきニューディール政策は、大恐慌によって失業率が二五%にも達していた状況で、雇用対策としてダム建設や道路建設の事業を行った政策である。このニューディール政策が功を奏した要因は、失業者に所得が渡り、その金が消費に回って消費支出が増えたことと、公共事業で造られたダムや発電所やハイウェイがアメリカ経済活動の効率を高めたことである。即ち、前節で説明した、公共事業による効率改善効果、波及効果、雇用効果の全てのプラスが大きかったのである。

このように経済の発展段階が低いフェーズでは公共事業による経済成長効果は大きく成長フェーズにおける経済政策はイコール公共事業という見方も成立するほどであった。日本の経済政策イコール景気対策イコール公共事業という型にはまった政策パターンは六〇年代、七〇年代におけるこうした経験の中で確立されたのである。

「規制緩和」政策への転換と副作用

しかし国家の経済が成熟してくると、こうした効率改善効果、波及効果が急速に小さくなって来ることが、一九八〇年代以降全ての先進国で実証されて来た。景気対策として大規模な財政出動をして公共事業を行うことをケインズ型の経済政策と言うが、この頃から「ケインズ経済学は終わった」と言われるようになったのである。

そのため日本以外の先進国は八〇年代から九〇年代にかけて、公共事業に代わる経済政策、景気対策として「規制緩和」政策を採用するようになった。

巨額のカネを公共事業に投入しても、効率改善効果も波及効果も乏しいのでは財政赤字が積み上がるばかりで、むしろ将来の経済的負担を重くしてしまう副作用の方が大きくなってしまうからである。それよりは、様々な規制を廃止し、企業が市場ニーズに対して柔軟に対応することができるようにして経済活動の活性化を促進することを狙った政策転換である。アメリカ、イギリスがレーガノミクス、サッチャリズムの名の下に行った規制緩和政策によって、沈滞していた米、英の経済は久しぶりの経済成長を果たすことができ、規制緩和政策の有効性が実証された。「ケインズ経済学が終わった」後の経済政策の主流は「規制緩和」になったのである。

しかし、人口が増えない成熟社会になっても「規制緩和」だけで経済最適化が可能かと言うと、答えはNOであると言われている。人口が増えようが増えなかろうが、規制緩和を徹底的に押し進め、経済活動に関する全ての意思決定を市場メカニズムに委ねることが社会全体の最適化を実現するというシカゴ学派の考え方や、自由と自己責任を原理主義的に主張するリバタリアンと呼ばれる人達の考え方も存在する。しかし、成熟社会において市場メカニズムの尊重だけで経済政策を行っていると、強者と弱者の格差がどんどん拡大していき、社会的弱者が多数生まれ、しかもそうした階層が固定化してしまう傾向があることが分かっている。これでは人々が安心して生活し豊かな人生を送ることができる国家とはとても言えない。

ちなみに、アメリカだけが先進国の中で市場主義中心の経済政策を取り、小さな政府が実現できている理由は、自由と自己責任という建国以来の文化・思想が社会に根づいているることもあろうが、本質的要因は移民受け入れによる人口増の継続にある。つまり、移民を受け入れて経済成長の土台となる人口増加を継続することによって成長フェーズの構造を意図的に継続し、市場メカニズムによる運営が有効な条件を維持しているのである。

とは言え、そのアメリカですらオバマ政権によって社会保障政策の象徴とも言える国民皆保険制度の導入が決まった。ある程度以上の経済力を持つに至った国家、社会では、自分の隣人が恵まれない境遇にあるのを解消するために自らの負担を引き受けようとする意思が働くものなのであろう。

いずれにせよ、人口成長が止まった社会においては「成長論」だけで経済政策を続けていくことは、国民生活の安定のためにも、経済効率的にも妥当ではない。そもそも経済を成長させることが根本的に難しい経済構造になるのが国家の成熟フェーズなのであるから、成長のための政策は非効率なものになってしまわざるをえない。つまり成熟フェーズにおいては経済成長を目的とする「成長論」そのものの意義と有効性が薄らいでしまうのである。

同じGDPでも所得の再配分で社会はより豊かになれる

そして社会がこういう段階に差しかかると重要になってくるのが「分配論」である。経済のパイが成長していかない環境の中で、一人でも多くの人が少しでも豊かな生活を営めるようにするためには、社会全体で生み出された価値（GDP）をどのように分け合うかが重要な政策テーマとなって来る。国全体としては大きな価値を生み出せたとしても、上位一割の人が九割の富を独占してしまって、残り九割の人で一割の富を分け合わなければならないような分配状態では、九割の人達は貧しさのために安心して生活を送れるわけもないし、そのような格差を承認するはずもない。成長フェーズでは、経済成長の恩恵が貧しい人々にも及んでいくので、今日より明日への希望と向上感が社会を支えるが、成長が止まると、日々の生活の保障と、公平性が強く求められるようになるのである。

つまり成熟フェーズに達した社会において安定した社会を実現するためには、生み出された価値を国民の間でどのように分け合うのか、即ち誰がどれくらい税金を負担し、誰がどれくらい公的サービスを受けるのかという「所得の再配分」を決める分配論が経済政策の主役となるのである。

ちなみに「所得の再配分」とは、分かり易く言うと、お金持ちや生活に余裕のある人から貧しくて生活に困っている人に対して、「所得移転」を行うことである。政府が〝税金〟としてお金持ちからお金を集め、生活に困っている人に〝手当て〟としてお金を支給することを所得移転と言い、この機能を司ることが所得の再配分である。

「国民の誰もが、医・食・住を保障される国づくり」をするということは、所得の再配分政策そのものである。自分の働きと努力だけでは日々の生活を賄えない人達や、病気になっても貧しいために病院にかかれなかったりする人達に対して、生活に余裕のある人達の余裕の一部をそうした人達に〝所得移転〟して、国民の誰もが安心して生活ができ、病院に行くことができるようにしてあげるためのしくみ作りが、これからの政策のメインテーマである。つまり「国民の誰もが、医・食・住を保障される国づくり」というヴィジョンを掲げることとイコール、これからの政策は分配論中心になっていくということなのである。

経済成長は国民経済を考える上で大切ではあるが、成熟フェーズになってからも従来と同じように経済政策を成長論中心で考えていると、分配論的テーマがつい後回しになってしまいがちである。これからわが国の目指していくべきヴィジョンの実現においては、分配論こそがメインテーマであるとしっかり意識しておくことが必要である。

増税から逃げてきた政治の怠慢と経済の歪み

新しい国家ヴィジョンを実現していくためには所得の再配分を主とする分配論型の政策を展開していくことになるが、国民全員が安心して生活できるようにするための所得移転を行おうとすると、当然のことであるが、誰かからお金を集めて誰かにお金を渡すプランを立てることになる。誰にお金を渡すかという方は、比較的分かり易い。貧しくて最低限の生活すら賄えない人、病気にかかっても十分な医療を受けられないでいる人等、様々な理由で、医・食・住に困っている人達に手当てを支給して生活を保障してあげれば良い。一方、誰がその原資を負担するのかについては大変な議論になる。誰も自分がより多く負担したいとは思わないからである。

しかし日本は成熟化を迎え、更に今後一〇年間で急速に高齢化が進んでいくことを考えると、医療・介護を中心とした社会保障を早急に充実させる必要があり、そのことは取りも直さず、その原資の徴収を拡大しなければならないということである。つまり増税が不可欠である。

そもそも日本の経済が歪んでしまった最大の理由は、増税をして来なかったことにある。成熟化フェーズに入った九〇年代中盤以降、増税をしなかったことが社会保障の拡充を妨げて来たと考えられる。九五年以降、合計二二六兆円にも上る景気対策を打って来たが、それは国債の発行によって賄われた。国債の発行は本来、非定常的な歳入を得るために行われるものなので、恒常的な支出となる社会保障の原資に当てるのは適切ではない。そのため九五年以降一五年間で累計四六三兆円もの国債発行をしながらも、その大半は景気対策にばかり投入されて来たのだ。

つまり、増税によって恒常的な歳入が得られていれば、その収入を原資にして社会保障を手厚くすることもできたのに、歳入欠損を国債の発行で賄って来たためにそのお金を恒常的支出である社会保障に使うことができず、景気対策的な項目にばかり当てて来たのである。もし早い時期に増税を行って十分な社会保障が公共財的に整っていれば、不況の時も国民生活は深刻に脅かされることがなかったであろうから、非効率な公共事業など行う必要性はなくなっていたであろう。これまで詳しく見て来たように、成熟フェーズにおいては従来型の景気対策事業は経済成長に寄与しないばかりか、非効率な産業構造を温存してしまうだけで、百害あって一利なしなのである。

つまり、増税をしなかったことが社会保障の充実を遅らせ、産業構造のシフトを阻み、成熟化社会への移行を妨げて来たと言えるのである。

増税は全ての政策を健全化する

九五年以降で最も国債の発行が少なかった九七年でも一八兆円分の国債が出されている。既発の国債の償還に当てる分を差し引いて見てみても、九五年以降の発行残高の増分は四九七兆円になる。これはプライマリーバランスベースで見て、毎年恒常的に三六兆円ずつ歳入が不足しているということである。恒常的な財源不足を国債で賄うというのは明らかに不健全である。国家の借金である国債を毎年毎年積み上げていくのは、国家の信用の根拠を毎年毎年削っていくに等しい歪んだ財政行為である。社会保障を拡充するための恒常的財源を確保するためにも、不健全な財政構造を正すためにも増税は待ったなしなのである。

思い切った増税を前提に考えると、従来からの様々な歪んだ政策はずい分とまともになるであろう。水際作戦で生活保護申請者を追い返したり、後期高齢者の医療費負担を重くしたりといった成熟化社会のあるべき姿に逆行するようなことは解消されるはずである。

必要な増税額は、I章で簡単な試算を示しておいたが、取り敢えず三三兆円、万全の財政基盤を目指すとしても六〇兆円もあれば十分である。一兆円、二兆円の財源不足で四苦八苦している現行の財政論議からすると途方もない金額に感じるかもしれないが、毎年これとほぼ同額の国債が発行されていることを考えると驚くに足らずである。むしろ借金が三〇兆円も四〇兆円も毎年増えていく方がよほど薄気味悪い。

また三三兆円増税しても国民負担率は約四九%でイギリス（四八%）と同程度、六〇兆円増税したとしても国民負担率は約五七%でドイツ（五二%）よりは高いものの、フランスの六一%と比べると、成熟型先進国としてはまだまだ軽い負担率である。しかも、I章で検証したように消費税で三三兆円、資産課税で一四兆円、相続税でも一四兆円と増税対象の候補は十分に考えられる。特に課税対象が富裕層中心になる資産課税や相続税のウェイトを上げれば、経済の活力を促進するために所得税や法人税の引き下げまでも可能になる。

いずれにしても早急な増税は不可欠である。国民全員に医・食・住を保障するための原資の確保のためというのももちろんであるが、財政上明らかに非合理な恒常的な歳入欠損を正すためにも、更には効果のない不況対策ばかりを毎年のように繰り返す誤った経済政策から脱するためにも、一刻も早く三〇兆円規模の増税を行わなければならないのである。

間接給付ではなく直接給付を

ヴィジョン実現のための適切な所得の再配分を行うためには、まず第一歩として思い切った増税が必要であると説明したが、再配分を行うためのもう一方の機能である給付についても一つ重要なポイントを挙げておこう。

所得の再配分を拡大する場合、徴収の拡大＝増税は大変であっても、給付の方は相対的に容易であると述べたが、それは給付対象の決定に関してである。貧しい人や困っている人は比較的明らかであり、また給付されることを嫌がる人はほとんどいないからである。

但し、所得移転を行う場合のルートの選択肢として「直接給付」と「間接給付」があるのだが、いずれのルートを選ぶかで所得移転の意味合いも、効果も異なったものになってしまうことについては留意しておく必要がある。

直接給付とは、政府が集めたお金を文字通り給付対象者に直接支給するやり方で、給付金が国民個人にストレートに渡されることになる。年金や子供手当て、税金の還付金がその典型である（還付金の請求手続きや税務署との間の受け渡しは事業所が仲介・代行することになるが、そのプロセスで事業所による裁量や中抜きは入らない)。

一方、間接給付は最終的な給付対象者が労働者や消費者であっても、給付のプロセスに事業者や業界団体が介在する形態で行われる。そしてそのプロセスで事業者や業界団体の裁量や恣意性が入った運用が行われるので、給付金の総額が労働者や消費者にそのまま渡るかどうかは確実ではない。例えば、二〇〇九年から始まった介護事業就労者への所得補塡もまさにその典型である。この政策は介護事業で働いている人達の低報酬問題に対する支援策として予算がつけられたものであるが、就労者に対する直接給付の形態を取らず、就労人数に応じて事業者に給付する形をとったために、人によって、事業所によって、或いは職種によって、就労者に渡る金額は全くまちまちになってしまっている。中には全額が事業所の赤字補塡に使われてしまい、従業員には全く恩恵が及ばないケースも報告されている。

元来、間接給付は産業分野毎に補助金をつけたり、ある条件の下に企業支援を行う際に適用されるやり方で、産業や企業に対する公的援助の手段である。産業や企業を支援することを一義的な目的として、産業や企業の従業員の雇用や保障の経費負担の一部を公的に肩代わりするものであって、最終的には従業員にもお金が回ることにはなるが、それはあくまでも二義的な結果である。

高度成長期の経済政策は産業・企業の成長を第一の目的としていたため、最終的には就労者や家計にお金が回っていくタイプの補助金も間接給付の形を取ることがほとんどであった。そのため結果的には所得移転効果も発生するけれども、あくまでもそれは副次的効果であって、主たる目的は産業・企業の支援のための政策であった。

一方、国民に対する社会保障を目的とした給付は直接給付でなければならない。間接給付ではそのプロセスにおいて事業者や業界団体が介在し、中抜きが生じたり、恣意的配分が起きたりして、労働者や消費者といった最終対象者に渡される金額が少なくなってしまったり、不公平が生じてしまったりする可能性が高い。先ほど挙げた介護事業就労者への所得補助のケースはその典型例である。

本節の冒頭で示しておいたように、これからの経済政策は目的の転換、対象の転換、方法論の転換が必要である。われわれが目指す新しい国家ヴィジョン実現のための政策の目的は国民一人一人の生活を保障することであって、その対象は産業や企業ではない。そのための政策であるからこそ、国民に対する社会保障を向上させるために合理的な所得の再配分を行うことが重要であり、その場合の給付形態は当然直接給付という方法論でなければばならないのである。

このことは、具体的には所得移転の対象者は国民一人一人／個別の家計であること、政府／公的機関から直接支払われること、給付金の金額が年齢や所得額や家族の人数といった客観的条件のみで決められていることになる。仲介者と恣意性は、給付金の社会保障効果を低下させ、しかも対象者の公平性を歪めることになる。従って分配論を主軸にした社会保障目的の所得移転は、直接給付によって行われなければならないのである。

ちなみに近年良く取り沙汰されるようになった社会保障を目的とした直接給付の制度に、ベイシックインカム（ＢＩ）と還付金付き所得控除制度（マイナスの所得税）がある。貧しい人にお金が直接給付されるという点では同じような効果を持つが、それぞれの制度は理念的にはかなり違ったものである。参考までに、それぞれの制度の内容と違いについて簡単に説明しておこう。

(1)ベイシックインカム――国家による生存権の絶対的保障

ベイシックインカムとは、国民全員に対して一律に月々決まった金額を国家が支給するという制度である。国民全員に均等に課せられる人頭税という税目があるが、ベイシックインカムは人頭税の逆の国民手当てのようなものである。例えばベイシックインカムとして毎月一〇万円ずつ支給されれば、もし働いていなくとも最低限の食費だけは賄えるので、少なくとも飢え死にすることは回避できるであろう。夫婦二人であれば二〇万円貰えることになるので、小さなアパートくらい借りて最低限の生活を営んでいくことができる。もしベイシックインカムの対象を子供にまで広げるのであれば、夫婦二人と子供二人の四人家族なら毎月四〇万円の収入となり、現在の生活保護世帯よりも明らかに余裕のある生活が可能になる。

ベイシックインカムの基本理念は、国家による国民の生存権の絶対的保障である。働こうが働かなかろうが、優秀であろうがなかろうが、その国の国民として生まれたからには、生きて行くための最低限の保障を絶対的に与えようとするものである。憲法に制定されている生存権に関する記載には、「働かざる者、食うべからず」とは書いていない。ベイシックインカムの理念は「働かなくても、食ってよし」というもので、平等・公平の価値を最大限に尊重したタイプの社会保障給付である。

しかし、最低限の生活を絶対的に保障する代わりに、頑張って働いたら働いた分だけ本人の収入が多くなるような税制と組み合わされることが適切だと言われている。生活を完全に保障された上に、働いても働かなくても総収入の差があまりつかないのであれば、頑張って働こうとする人がいなくなってしまうからである。従ってベイシックインカムは、手厚い社会保障と活力ある経済活動の両立を図るためのセーフティーネット型の給付制度だということができる。

⑵マイナスの所得税――共生・調和型社会の福祉税制

一方マイナスの所得税は、所得額が高額になるほど課税率が高くなる累進課税制度において税率がマイナスの方向にまで延長されたものと考えればよいだろう。例えば年収二〇〇万円が所得課税ゼロの水準とした場合、年収二〇〇万円未満の人には還付金という名目で手当てが支給されるような税制である。その際、自分で稼いだ所得が少ない人が自分より多く稼いだ人の所得を上回らないように税率を設定することが必要である。

こちらの税制は、理念的には累進課税と同様である。裕福な人ほど多くを負担し、貧しい人ほど多くを与えられるという考え方であって、福祉社会の基本理念と一致する。所得がゼロの人にいくら還付金（手当て）を支給するのかによってセーフティーネット機能としての有効性は違ってくるが、国民全員に絶対的に生活権を保障するための ベイシックインカムがセーフティーネット型であるのに対して、マイナスの所得税は所得の平準化を図ろうとする共生・調和型社会に向いた福祉税制ということができよう。

セーフティーネットはこれからの時代の〝公共財〟

いずれの制度も、貧しい人達に最低限の生活だけは国家が保障しようとするものであり、ある程度の経済水準に達した国家では検討してみる価値があると思われる。現在日本の一人当り国民所得は二七五万円であるが、この半分の金額になったとしても韓国やポルトガルと同水準である。こう考えると平均以上の所得を得ている人達が、平均を超えた部分の半分だけでも貧しい人達に対して供出すれば、ベイシックインカムによってでもマイナスの所得税によってでも、社会のセーフティーネットは整備できることになる。

「国民の誰もが、医・食・住を保障される国づくり」とは、こうした社会のセーフティーネットを公共財として整備することである。医療・介護の無料化や生活保護の充実といった社会保障制度を拡充するための個別の手立てについて話を進めて来たが、個別の手当てや給付ではなく、ベイシックインカムやマイナスの所得税によって一括して生活を保障することも一考の価値があるであろう。ベイシックインカムにせよマイナスの所得税にせよ、もし十分なレベルの給付水準が設定されたならば、生活保護や年金が無くても生活できるようになるし、繁雑な所得控除制度や瑣末な手当て支給の規定も不要になる。

社会全体の互助と共生で国民全員が安心して生活できる国家を作ろうとするならば、手厚いベイシックインカムやマイナスの所得税は、それぞれ理念の違いはあるものの、シンプルかつ有効にその目的を達成できる有効な手立てである。

三　産業構造をシフトする二つのテーマ

II章の冒頭で簡単に紹介しておいたが、新しい国家ヴィジョンを実現していくために必要かつ有効なのは、経済政策としての成長論から分配論への転換、そして産業政策としての「産業構造のシフト」である。新しいヴィジョンを実現していくための経済基盤を構築するための主たるテーマは、〝成長戦略〟でもなく、〝内需拡大〟でもなく、「産業構造のシフト」として捉えるのが最も有効であり、分かり易い。「産業構造のシフト」は、以下の解説で示しているように、新しい国家ヴィジョンを実現するために必要な〝成長戦略〟も〝内需拡大〟も満たし得る統括的産業政策なのである。

これから目指すべき「産業構造のシフト」には二つの大きなテーマがある。

成熟型福祉社会における公共財としての医療・介護サービスを担う産業を内需型主力産業として拡充することと、石油や食糧の輸入代金を稼ぐための国際競争力のある高付加価値型輸出産業を育成することという二つのテーマである。

(1)医療・介護サービスの拡充

まず「医療・介護サービスの拡充」について説明しよう。

医療・介護サービスの拡充は、これからの成熟型福祉社会の産業政策の柱になるテーマである。何故ならば、何にも増してこれからの社会で国民から必要とされること、そして近い将来には日本の最大の産業になるのが確実であること、またそれと相まって大量の雇用を生み出すこと、がその理由である。

まず日本の社会保障に関する概況についてごく簡単に説明しておこう。

先進国の中でもかなり低水準な日本の社会保障

これから迎える高齢化社会、成熟化社会において強く求められるようになる社会保障機能に関して、日本は先進国中かなり低い水準に留まっている。社会保障費用のGDPに対する割合を比べてみると、アメリカの一五・九%と比べると日本は一八・六%と僅かに高いものの、フランスの二九・二%、ドイツの二六・七%と比べると大きく下回っているし、イギリスの二一・三%と比べても低い水準である。

日本の社会保障給付費の割合は、
先進国の中ではまだまだ低い

社会保障給付費の対GDP比（2005年）

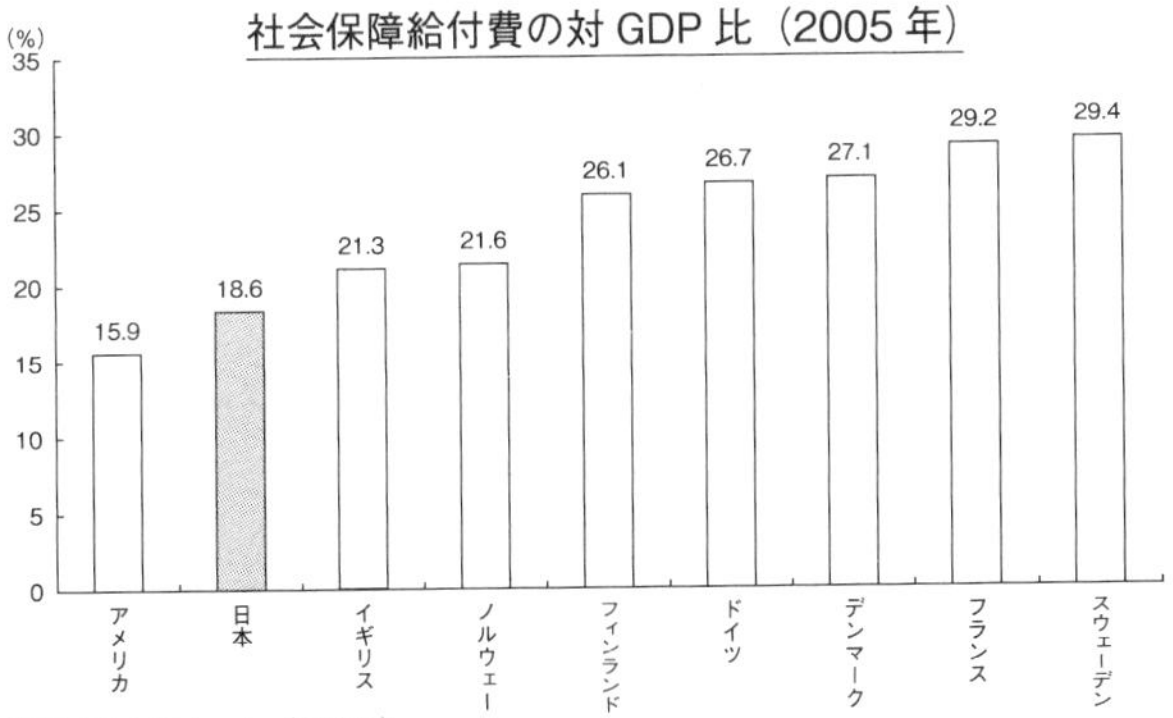

出典：Stat Extracts（OECD）

従って、前節で解説したように、既に成熟化を迎えて低成長期に入りこれから高齢化が加速化していく日本の社会保障は、年金、医療・介護、社会福祉（生活保護や家族手当て等）のどの項目においても、拡充、改革していく必要性がある。年金に関しては二〇〇九年に大幅な制度改革が行われたにもかかわらず、近い将来原資不足が露呈すると指摘されているし、国民間の公平のためには年金制度の一元化も強く求められている。社会福祉に関してけ、生活保護の受給世帯のカバー率が二〇%しかないという指摘は既にしたが、家族手当て等の水準も先進国で最低クラスである。

医療・介護についても当然課題は多いが、最大の問題は医師、看護師や介護職員の不足である。医師の数が足りないために、月間労働時間が三〇〇時間から四〇〇時間にも及ぶことが珍しくない病院の勤務医の過労問題は深刻である。また、二四時間介護を必要とする要介護高齢者が四二万人も特養老人ホームの入居待ちをしているにもかかわらず、抜本的な対応策が何も講じられていないのは政治の責任放棄である。二〇一〇年から一〇年間で六五〇万人も高齢者が増加することが見えている現在、こうした医療・介護の問題は近未来の深刻な社会リスクである。

とにかく現在の日本の社会保障は、年金も医療・介護も社会福祉も、今後の成熟化と高齢化を考えると全く不十分であり、国家的最優先課題としてそれぞれ大幅に拡充・改革していく必要があるのは明らかである。ただし、どの社会保障項目も重大な問題を抱えているのだが、年金・社会福祉と医療・介護とでは、問題の性質も問題解決の方法論も異なっている。簡単に両者の違いについて説明しておこう。

「年金・生活保護」と「医療・介護」の性質の違い

年金は、制度的には若い世代から高齢者世代への所得移転である。しかし今後高齢化が急速に加速化していくに当たって、必要とされる年金原資は若い世代の負担力を超えてしまう。そもそも日本の年金制度が設計された時には一〇人の若年者が一人の高齢者を支える人口構成であったが、二〇一〇年の今現在では二・八人で一人、二〇二〇年には二・一人で一人となってしまうのである。従って、これからは年金加入者が払い込む保険料だけでは年金原資を賄い切れないため、税金によって原資の不足分を賄っていくしかない。こうなると、年金は世代間の所得移転という原理的性格から、負担力のある者（お金持ち）から扶助を必要とする者（社会的弱者）への所得移転という社会福祉的性格の制度にシフトすることになる。

これと同様の意味を持つのが、生活保護の拡充や失業給付の充実である。社会全体による（とは言っても実質的には経済的に恵まれた余裕のある人達を中心とした）社会的弱者への支援の強化である。経済的メカニズムとしてはお金持ちから貧しい人への所得移転であり、社会理念的には互助と共生による安定した社会の維持である。ちなみにⅠ章で試算した生活保護のための支給額の拡大幅が約一〇・四兆円、現在導入が進められている子供手当の総額が五・三兆円、一〇年後の年金支給の増加額が約一二兆円であり、これら三項目の合計だけでも所得移転の増加額は二七・七兆円にも上る。つまり、こうした所得の再配分が政府にとってこれから到来する本格的成熟社会を迎えるための大仕事になるのである。

ところで、こうした年金や生活保護の拡充はともに所得移転そのものである。そして金額的には大きなお金が動くことにはなるけれども、その実行は制度変更が中心である。所得移転は前節で説明した通り、分配論の中心テーマであり、これからの日本社会において重要な政策であるが、それだけでは〝内需〟や〝雇用の創出〟や〝成長〟へと次々に効果が波及していく産業政策としては効力が不十分な面もある。

一方これに対して、医療・介護の拡充は性格が異なる。まず医療・介護はリアルなサービスの提供がなされる行為である。リアルなサービスを提供するためには多くの就労者や施設が必要であり、〝事業〟の性格が強い。従って医療・介護を大幅に拡充しようとする政策は、年金、福祉の拡充とは異なり、産業政策の性格を持つものになる。

これが「医療・介護サービスの拡充」を「産業構造のシフト」という経済政策の第一のテーマとして掲げる理由である。年金、福祉の拡充は大きなお金が動くことになるとは言え、その実現の方法論は制度の設計であるため、企画と決断があればやれる。

医療・介護は大きなGDPと雇用を生むこれからの主力産業

しかし、医療・介護サービスの拡充をしようとすると、医師、看護師、介護士という特殊スキルを保有する人を大量に養成したり、病院や介護施設を多数作ったりしなければならないため、単なる企画と決断だけではない、事業のオペレーションが必要になる。つまりヒトと設備を伴う事業のオペレーションだからこそ雇用を生み、ＧＤＰに貢献するのであり、「産業構造のシフト」になるのである。

それでは「産業構造のシフト」という観点から、医療・介護サービスの拡充というテーマをみてみよう。

【i　医療分野での雇用創出は二五〇万人】まず医療の分野が今後どれくらい雇用の創出に寄与できるかについて見てみよう。

現在の医療業就業者数は二七七万人であるが、高齢化が進む一〇年後の医療ニーズの増加に対応するための人数を計算してみよう。一人当り医療費の金額は六五歳未満が約一六万円、前期高齢者が約五二万円、後期高齢者が約七九万円である。そしてそれぞれの人口構成は六五歳未満が九七八〇万人が一一〇〇万人減って八六八〇万人に、前期高齢者は一五二〇万人が二〇〇万人増えて一七二〇万人に、後期高齢者は一四二〇万人が四五〇万人増えて一八七〇万人になる。これらのデータを使って二〇二〇年の医療ニーズを計算すると、現行の医療サービスの三割以上の拡大が必要になることが分かる。

前期高齢者の医療費は65歳未満の人の３倍、
後期高齢者は65歳未満の人の５倍

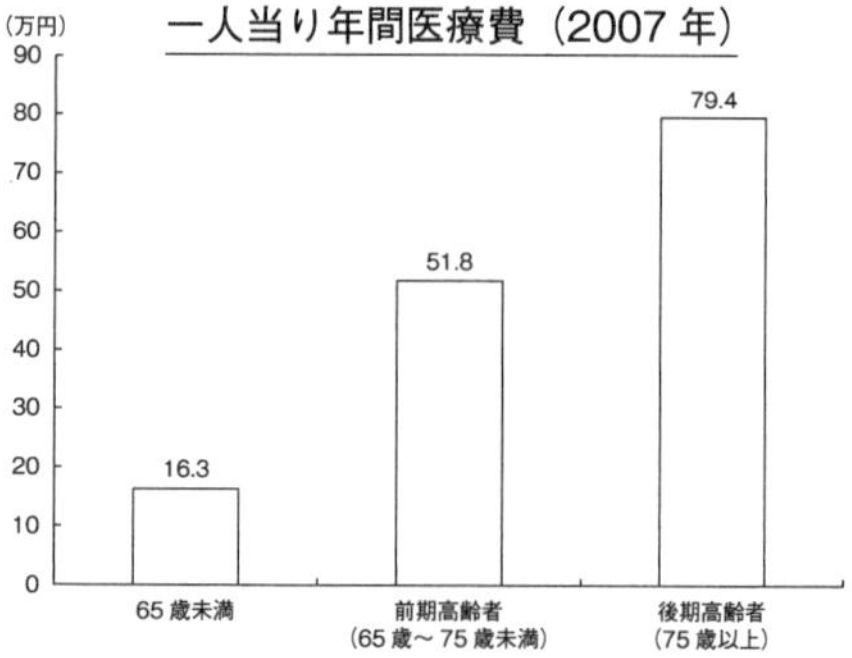

出典：厚生労働省「国民医療費」

今後10年間で65歳未満の人口は1100万人減るが、
高齢者は650万人増える

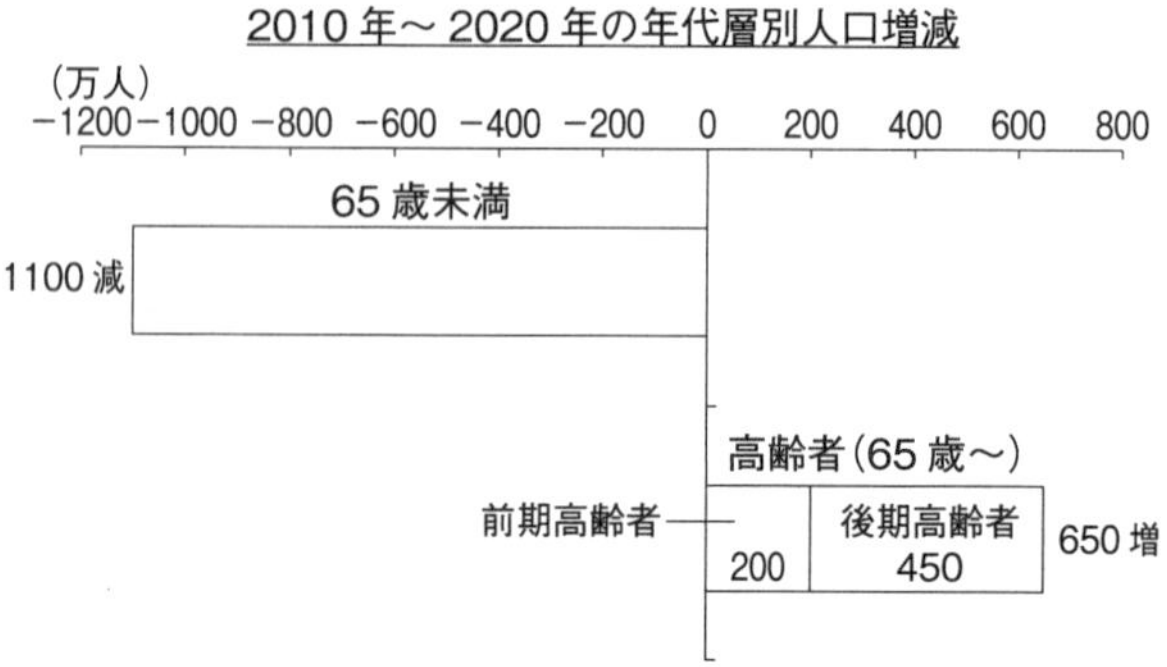

出典：日本の将来推計人口

需要が拡大することによって供給体制の規模が拡大し、オペレーションの効率化が進む面もあるかもしれないが、医療サービスは人の手による労働集約型の仕事であるために効率化には限界がある。また現時点でも日本の医療サービスの現場は限界ギリギリの過重労働で支えられていることを考えると、大幅な人手の削減は難しいと考えざるを得ない。そうした事情を考えると、現在の医療業就業者二七七万人の三割増しの八三万人もの雇用が追加的に必要になるということである。

医療ニーズの増加に対応するための供給体制の拡充という観点だけでなく、医療現場の過重労働の解決という観点を入れて計算すると、更に多数の就労者が必要になる。日本の現状での医師の数は二八・七万人で、人口一〇〇〇人当りでは二・一人となる。ちなみにこの数字を他国と比較してみると、成熟型福祉社会を一足先に目指したドイツが三・五人、フランスが三・四人といずれも日本の一・五倍以上の水準である。現時点でも日本の高齢化率はドイツ、フランスを上回っており、しかも二〇一〇年以降急速に高齢化が加速化していくことを考えると、せめてドイツ並みの充実を目指すことは過剰な目標ではないと思われる。

この前提でドイツ並みの水準をベンチマークとして計算すると、医師を一九・一万人増

独、仏の医師数は、人口比でみると日本の1.5倍以上

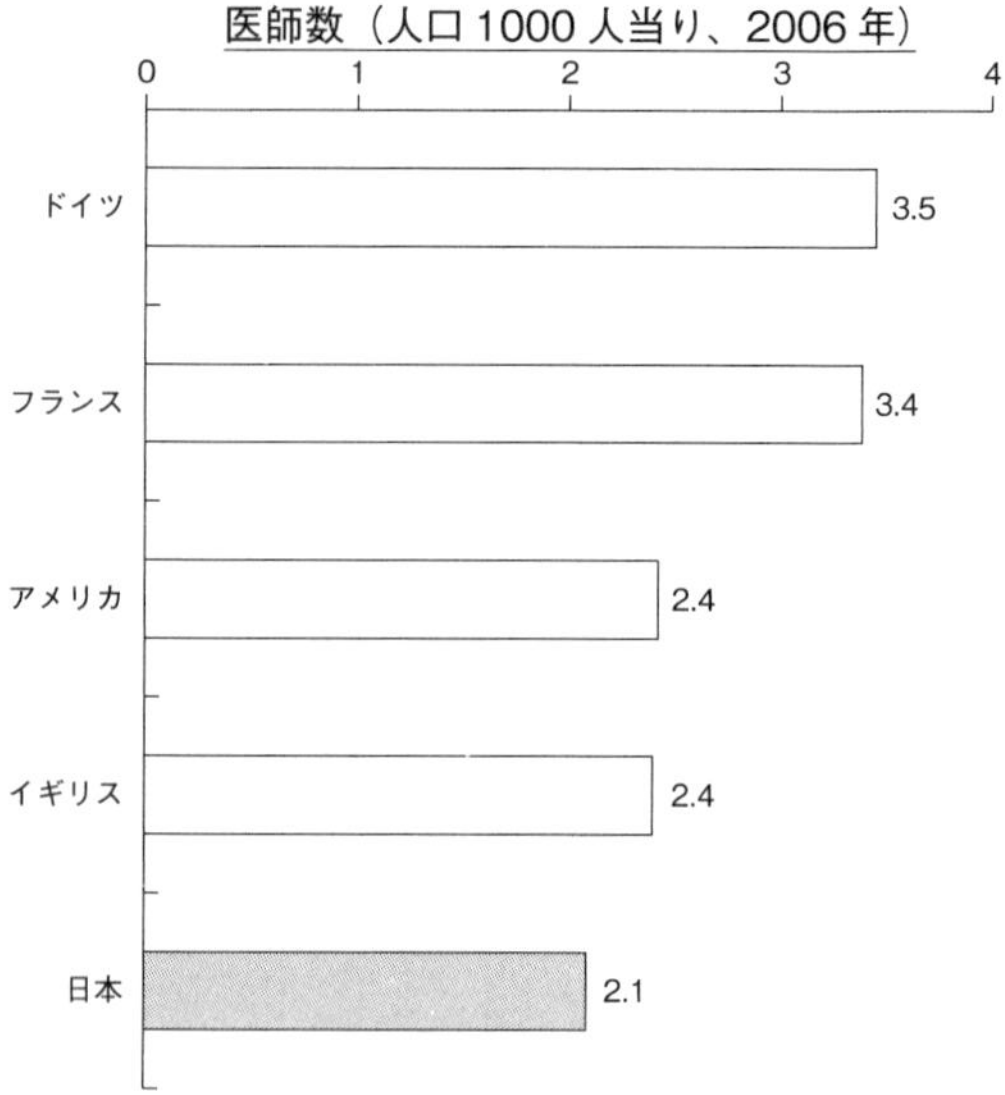

出典：「Health Data 2009」（OECD）

やす必要があることになる。日本の医療サービスのオペレーションは医師一人に対して看護師が四・五人、医療技術者が〇・七人、事務職員が一・三人という割合で行われているため、それぞれ八六万人、一三万人、二五万人増やす必要がある。つまり、三時間待ちの三分診療といった現行の医療サービスの質を向上させ、月三〇〇時間〜四〇〇時間という医師の過剰労働の問題を解消していくためには、現時点ですら一二四万人もの追加が必要だということである。

ちなみに、医療サービスの品質を向上させる前提の体制で二〇二〇年の医療ニーズに対応しようとすると、医師三三万人増をはじめとして、医療業就業者は合計約二五〇万人も増加させせなければならない計算になる。高齢化社会に向けて、医療分野は莫大な雇用吸収のポテンシャルを持っているのである。

【ii 介護分野での雇用創出は一三〇万人】次に介護サービスであるが、こちらも医療分野以上に大きな雇用を生む。現状では介護サービス従事者は約一三〇万人であるが、これは現行の過重労働、人手不足の状態での就業人数である。しかも、二四時間介護を必要とする人達向けの特養老人ホームの入居待ち人数が現時点で四二万人もおり、更に高齢者人口は今後毎年約六五万人ずつ増えていくことを考えれば、大量の雇用創出は確実である。

医療のケースと同じく高齢者の人口構成の変化に基づいて計算してみよう。現在は約一三〇万人の介護サービス就業者で一五二〇万人の前期高齢者と一四二〇万人の後期高齢者に対応しているが、一〇年後には前期高齢者が二〇〇万人増えて一七二〇万人になり、後期高齢者が四五〇万人増えて一八七〇万人になるというのは前述した通りである。現在、前期高齢者では二五人に一人が要介護であり、後期高齢者は四人に一人が要介護であるので、一〇年後の介護ニーズは医療ニーズのケースと同じく、現行の約三割増しに拡大することが予想される。この時の雇用創出は約四〇万人となる。

また個別の課題を考慮すると、更に拡充しなければならない点も多々見えてくる。現行の介護就労者一三〇万人体制でも、特養老人ホームへの入居待ちをしている二四時間要介護の高齢者が四二万人も存在するとか、ほとんど全ての介護事業者が深刻な人手不足の問題を抱えていることを考えると、現行体制の一三〇万人という数自体が過少であると分かる。また介護費用抑制のために政府は家庭内介護を推進する立場を取って来たが、社会全体の高齢化が進んだことによって〝老々介護〟による家庭破綻や悲惨な事件が多発している社会問題や、介護対応が女性の就業の障害になっていることなどを考えると、今後は施設介護を望む国民の割合が増えていくと予想される。こうした点を考え合わせると、先に示した四〇万人という就業者需要の増加は最小限であると言えよう。介護をする側もされる側も不安なくサービスを受けられる体制を整えるためには、現行の一・五倍程度の介護サービス体制が必要となると考えると、その水準に基づいて計算すると約一三〇万人の雇用増が必要となると思われる。

以上見て来たように、医療・介護分野における今後一〇年間の雇用者数は、最低でも一二三万人の増加が必要である。また国民が医療・介護に関して不安なくサービスを受けられる体制を目指すのであれば、三八〇万人の雇用増を要することになるのである。この数字は現在の失業者数三四〇万人の全てを吸収できる規模であり、これだけの雇用を生み出す産業は、成熟化社会においては他にはあり得ない。医療・介護はまさにこれからのわが国の主力産業なのである。

今後低成長経済が続いていく中で、土木建設業やメーカーの工場部門から大量の就労者が吐き出されて来ることが予想されるが、そうした人達を医療・介護分野が吸収することになる。このことは単に失業者に仕事を与えるだけの意味にとどまらず、ダムや道路に代わって、成熟社会の公共財である手厚い医療や介護が新しい社会インフラとして整備されるということである。このような雇用のシフトと生み出される価値のシフトが「産業構造のシフト」なのである。

(2)医療・介護サービスを拡充するための二つの政策

では、どのようにすれば医療・介護サービスをこれからの時代の主力産業として育成・拡充していくことができるのか。医療・介護分野の拡充は、年金や社会福祉とは異なり、制度の設計・改定だけでなく雇用と施設を伴うからこそ産業的であり、経済へのインパクトが大きいと説明して来たが、同じ理由で、だからこそ医療・介護サービスの拡充を実現することが難しいとも言えるのである。つまりお金だけでなくヒトを何十万人、何百万人と動かす難しさである。

しかし難しいとは言ってもそれは不可能なことでもなく、臆する必要もない。この分野をこれからの主力産業として拡充していくことには、大きな経済効率向上効果、波及効果というメリットが存在するし、何よりも国民の強いニーズが存在している。従ってわが国の社会の中で今後医療・介護サービスを拡充させていくことは、基本的には必然的な流れの上にあるシフトなのである。

医療・介護サービスを主力産業化していくために必要かつ有効な手立ては大別して二つである。

①規制緩和

まず何よりも先に手をつけるべき政策は、現在老人ホームや介護施設に対して課せられている規制を緩和、撤廃することである。現在老人ホームの入所待ちをしている高齢者が何十万人という規模で存在するにもかかわらず、施設の供給が一向に増えない最大の理由は総量規制によって新設の認可が下りない為である。老人ホームという施設サービスは、安全、衛生、サービス内容、料金等の面で然るべき基準が定められるべきではある。施設サービスの利用者である高齢者の安全や健康を守るためには、公的基準が不可欠であるのは理解できる。

しかし、現行の総量規制は利用者の安全や便益のためではなく、既存の運営業者の既得権を守るためと、施設が増えることによって公的補助金が増大するのを回避するためだと言われている。極端な説だと、老人介護関連の大規模な天下り先機関がまだ設立されてないからだという穿った見方をする向きすらある。

いずれにしても、入所待ちの人がこれほど多数顕在化していながら、ヒトやカネといった経済資源上の制約ではなくて、規制によって供給が止められているというのは経済的非効率だけではなく、社会的悪である。社会保障の促進という国民的要請に対して何の合理性もないこのような規制は一刻も早く撤廃しなければならない。こうした規制緩和を行うだけでも、市場ニーズに応える形でかなりの数の施設・サービスの拡充がなされるはずである。

②労働条件の改善策

しかし、本格的に医療・介護サービスを拡充していこうとするならば、産業構造のシフトに繋がるような更なる積極的産業育成政策が必要になる。医療・介護サービスの供給が増えない現時点での最大の理由は、就労現場の仕事のきつさと報酬の低さによる労働者不足にある。具体的に言うと、病院の医師の場合は月間三〇〇時間〜四〇〇時間と言われる過酷な長時間勤務である（大学病院の若い勤務医の場合は報酬も二〇万円〜三〇万円程度と高くはない）。介護サービスの場合は、肉体的負担の厳しさに加えて、フルタイムで働いても月収一五万円〜一八万円程度にしかならない低い報酬水準が最大のボトルネックとなっている。

医師のケースでは、報酬の問題は年齢とともに恵まれた水準に上がっていくことが期待できるので、過酷な長時間勤務を解決するためには主として医師の供給を増やすことが有効である。医師の供給は大学の医学部の定員によってコントロールされているので、医師の人数を増やすためには長年抑制されて来た大学の医学部の定員を大幅に拡大することに尽きる。

先の試算では、対人口比でドイツ並みにするためには一九万人の医師が不足していると説明したが、現在の医学部の定員は約八八〇〇人程度である。一年間に八八〇〇人しか医師が誕生しないとすると、現在の医師が一人も引退しないとしても一九万人を満たすためには二〇年もかかることになる。これではとても間に合わない。少なくとも現在の定員数を倍増させるくらいの施策をとる必要があるであろう。

大学の定員を大幅に増やしさえすれば、生涯所得の面でも、仕事のやりがいの面でも、社会的ステイタスの面でも、医師は魅力の大きな職業なので多くの希望者が出現してくることを期待できる。医師の数を増やすことができれば、病院のキャパシティーを拡大することができるので、派生的に看護師、医療技術者の仕事も増え、医療分野全般の就労者数拡大につなげていくことができるのである。

問題は介護サービスの方であるが、思い切った政策をとれば深刻な就労者不足の問題を解決することは十分に可能である。切り札となるのは介護事業就労者に対する所得補助である。

現在の介護サービス業で働く人たちの月収はフルタイムの人で一五万円〜一八万円程度というのが標準的で、これはその人が他の事業分野の会社で働いた場合の七割程度と言われている。この所得水準は絶対額としても安定した生活を営むには物足りない金額であるし、仕事のきつさを考慮すると経済合理的な判断では決して選ぶことができない低過ぎる報酬水準である。

ということは、安定した生活を営むために必要な額を満たし、仕事のきつさを考慮しても相対的に有利と思えるだけの報酬水準を実現すれば、介護サービスの就労を希望する人を大幅に増やすことができる可能性がある。従って、その報酬水準と現行の報酬水準とのギャップ分を公共事業的支出として、政府が補塡すれば良いのである。

特定の産業に対する補助は市場の資源配分を歪めるという批判はあるが、それは定常状態における市場経済の運営原則であって、新しい社会のしくみを整えるために政府が公共事業として新しい主力産業を支援・育成するのは国家の当然の仕事であり、責任事項でもある。かつて日本の高度経済成長の礎を作ったのは、〝傾斜生産方式〟と言われる鉄鋼業を中心とした重厚長大産業に対する政府の全面的支援策であった。介護サービスはこれからの時代の公共財であり、高齢化が進んでいく日本社会における重要な社会インフラである。そういう性格を持つ社会インフラ的産業の育成に対して、公的資金を投入することは経済的にも合理的な政策であり、国民が安心して生活できる社会を築く上での国家の責任事項でもあるのである。

具体的には、現在一五万円〜一八万円の月額給与水準を最低でも一・五倍程度にして、他の職に就く場合とのギャップを埋めることが必要である。もし〝傾斜生産方式〟的に、介護サービス産業を早急に育成・拡充しようとするのであれば、現行の報酬水準を一挙に二倍程度にアップすれば、質・量両面で就労希望者の大幅な増加が期待できよう。特に、他産業からの転職を促すためには、介護分野で働くための知識やスキルの習得が必要であるため、介護サービスに就くことに強いインセンティヴを持たせる必要がある。そのためには、スキル習得訓練に対する公的補助は当然であるが、多くの人々が魅力的に感じる報酬水準を設定すべきであり、現行の二倍程度の報酬水準を実現することが望ましいと考えられる。

現在、介護サービスの就労者は約一三〇万人である。標準的な月額給与を一・五倍にして二二万円〜二七万円程度にするために必要なコストは僅か一・四兆円、他の職業に対してより魅力的な給与水準にするために現行の二倍にまで引き上げて三〇万円〜三六万円程度にする場合のコストでも約二・八兆円程度である。更にこうした施策が功を奏して就労希望者が順調に増えて就労者数が現在の二倍になったとしても、〝公共財〟提供のための政策コストは四兆円〜五兆円に過ぎないのである。

公的支援が「ハコモノ政策」に堕してしまわないように

もちろん医師の育成や介護士の所得補塡といったヒトに対する投資だけでなく、病院を造ったり、介護施設を建設したりすることにも融資や補助金等の公的支援を行うことは全くの無駄というわけではない。しかし、そうした従来型の支援策については十分に注意しておく必要がある。医療・介護産業の育成政策がまたハコモノ政策に堕してしまうおそれがあるからである。

街々にコンサートホールを造っても日本中で音楽が盛んになったわけはなかったように、施設ばかり造っても医療や介護のサービスの質・量が向上するわけではない。いくら施設を作っても、就労者への支援策を充実させない限り、本来の目的である医療・介護サービスの質・量両面での拡充は決して実現しない。「コンクリートからヒトへ」という現政権が掲げているキャッチフレーズはその意味で完全に正しい政策方針である。

(3)外貨を稼ぐ産業の育成

成熟化社会を迎えるに当たってのもう一つの「産業構造のシフト」に関するテーマが、

国際競争力を持つ高付加価値型輸出産業の育成である。

何故、成熟化社会を迎えるに当たって国際競争力を持つ高付加価値型輸出産業の育成が必要になるかと言うと、答えはシンプルである。

外貨を稼ぐためである。国際競争力を持つ高付加価値型輸出産業の育成とは、端的に言うと「外貨を稼ぐ産業の育成」ということになる。

医療・介護産業は大量の雇用を創出するという意味で、日本社会の成熟に伴って極めて重要な意義を持つ産業である。特に長い間、強引な公共事業によって温存されて来た土木建設業のスリム化を進めようとすると、現在五二〇万人もいる就労者の受け皿が必要になる。また、新興工業国の台頭によって日本が得意として来た自動車産業や家電・エレクトロニクス産業も工場を海外に移さざるを得なくなることが予想されるので、こちらでも雇用の受け皿が必要となる。つまり医療・介護産業は大量の雇用を創出し得る内需型産業であるという特徴が、成熟化社会の主力産業としての要件に合致しているのである。

石油代と食糧代で二七兆円の外貨が必要

一方日本経済は、輸出を行って外貨を稼ぎ、その外貨で石油や食糧を調達しなければならない。二〇〇八年度での石油・天然ガス・石炭といったエネルギー関連の輸入代金が約二一兆円、食糧の輸入代金が六兆円であり、計二七兆円はどうしても必要である。二七兆円という金額は、当然のことながら決して小さくない。日本の代表的輸出産業である自動車及び自動車部品の輸出金額が合わせて約一四兆円、それに半導体等電子部品の輸出額四兆円を加えても合計一八兆円で、それでもまだ九兆円も足りないほどの大きな金額なのである。もし輸出産業がこれだけの外貨を稼ぐことができなくなってしまうと、石油と食糧という文字通りのライフラインが途切れることになってしまい、国民生活は成り立たなくなってしまう。

近年、日本のお家芸とも言われて来た自動車、家電、エレクトロニクス、工作機械といったアセンブリー型製造業の国際競争力が低下して来つつあるという深刻な現実がある。円高による価格競争力の低下の影響もあるし、韓国、台湾、そして最近では中国までも日本メーカーとほぼ同等の製品を作る能力をつけて来たこともあって、二〇〇八年度にはついに一九八〇年以来二八年ぶりの貿易赤字（七六〇〇億円）に転落してしまった。

こうした厳しい経済状況はこの先も続くと覚悟しておかなければならない。中長期的には日本社会の成熟とファンダメンタルズの低下によって円安傾向になっていくであろうが、新興工業国のキャッチアップはそれ以上のハイペースで日本メーカーに迫って来ると思われる。そのため従来の日本の輸出産業は今後も相対的に競争力を低下させていくと予想される。

またもし仮に、日本メーカーが技術面での競争力を保つことができたとしても、製造コストの安さと海外市場に拠点を持つことによるマーケティング上のメリットの両面から、製品の生産拠点を海外にどんどんシフトさせていくことになるであろう。国内に中央研究所や製品開発センターといった技術開発拠点だけは残ることになるかもしれないが、そこで働く研究者、開発者の人数は製造拠点としての工場よりは少数である。工場と比べると一人当りの売上げ金額は大きいかもしれないが、売上げ総額でみると製品の大量生産を行う工場の方が遥かに大きいのが通常である。つまり国内に取り込むことができる外貨は、国内で作って海外に輸出していた時代と比べると大幅に減ってしまうことが予想されるのである。

海外に生産拠点がシフトしてしまうことによる雇用の受け皿としては、医療・介護を筆頭とするこれからの時代の内需型産業がその役割を果たし得るかもしれない。しかし、内需型産業では外貨を稼ぐことができない。従って今後の日本社会が必要とする輸入品の代

日本の輸出依存度は低い方である

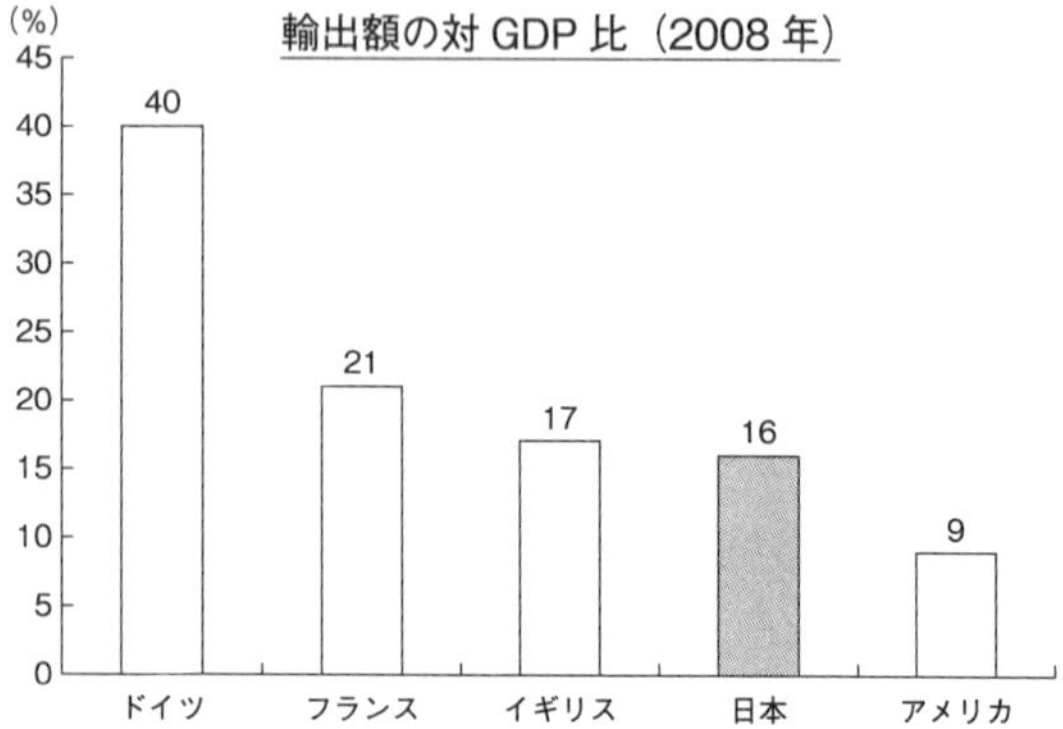

出典：国際比較統計

金を賄うための外貨を稼いでくれる何らかの新しい輸出産業を、何としても育成しなければならないのである。

内需型産業の拡大ばかりを叫ぶのは危険

ちなみに、日本の経済構造は外需依存型であり、早急に内需型にシフトしなければならないと声高に言われることが多いが、この認識は必ずしも正しくない。日本と主要先進国のGDPに対する輸出額の比率（外需依存率）を比べてみると、日本はむしろ対GDP比でみた輸出額の割合がかなり低いことが分かる。二〇〇八年のデータで、日本の外需依存率は一六％であるのに対して、ドイツは四〇％、フランスは二一％、イギリスは一七％、アメリカは九％となっている。この数字が示しているのは、日本は必ずしも外需依存型の経済構造になっているわけではないということである。

一般に多くの国家は、自国が比較優位なものを集中的に作って輸出し、自国が比較劣位なものを輸入することによって経済効率を高めて、国民生活を豊かにしている。ただアメリカはGDP額が一四・四兆ドルと圧倒的に世界一の国家であり、広い国土と三・一億人もの人口を要しているので、あまり貿易に頼らなくても国内の需要と供給だけで経済が完結しうる度合いが高い。しかしアメリカ以外の国と比べて日本の貿易比率がかなり低いということは、日本は外需依存型というよりはむしろ内需産業偏重の産業構造になっているということである。そしてこの事実は同時に、貿易を最大限活用することによって国民生活を豊かにする努力が不十分であるということでもあるのだ。

従って経済政策を語るときに、内需型産業の振興・拡大ばかりを叫ぶのには問題がある。極端な例で言うと、農産物の輸入を一切禁止してしまえば内需型産業である国内農業は今よりは拡大するであろうが、農産物の価格は今よりもずい分上がってしまうし、日本の食卓のバリエーションも乏しいものになってしまう。これでは内需型産業の新興が豊かな社会を作るどころか、貧しい社会を招いてしまうことになる。このように、ただ闇雲に内需型産業を強化すれば良いというものではないのである。

では何故、内需型産業の振興・拡大が声高に言われるのかというと、その理由は二つである。

一つは内需型産業の方が輸出産業よりも需要が安定しているため、景気によるブレが小さいためである。特に日本が不況になってGDPが落ち込む時、輸出が大きくマイナスになってのことが多い。〇八年のリーマンショックに際しても、世界経済が大きく沈んだため自動車を筆頭に輸出が大きく落ち込んだことが、大幅なGDP下落の最大要因であった。またこの時、内需型の商品である食糧や石油の需要はあまり減らなかったために、輸入金額の落ち込みは小さかった。その結果、一九八〇年以来の貿易赤字になってしまったのである。

もう一つの内需型産業を重視する理由は、雇用の創出効果である。成熟化社会に入り経済がダウントレンドになっていく局面で、最も心配な経済問題は雇用の確保である。GDPがゼロ成長の経済の中では、労働生産性が一％向上すると一％の労働者が不要になってしまう。ゼロ成長経済下では、産業の生産性を向上させなければ国際競争力を失ってしまうし、生産性を向上させると余剰労働者が出るという、深刻なディレンマが発生してしまうのである。

〇二年〜〇六年の日本経済にとっては久しぶりの好景気もジョブレスリカバリーと呼ばれているように、企業の収益は好調であったが失業者は減っていない。成熟化経済において企業が無駄を省くことによって競争力を高めるというのは、その企業にとっては収益力を増すことになるが、省かれた無駄とは実は労働者の雇用であり、労働者の雇用と引き換えに企業は収益を得ているということになるのである。従って、低成長経済においては雇用の創出が何よりも重要なのであるが、内需型産業と呼ばれるものは一般に多数の労働者を必要とする労働集約型のサービス業が多いため、大きな雇用創出効果を期待できるのである。これが、内需型産業の振興・拡大が強く求められることの二つ目の理由である。

話を元に戻すと、現在の日本が内需型産業の振興を図ろうとすることは間違っているわけではないが、それだけでは不十分である。今後の日本経済の行方を考えると輸出産業の競争力の低下も深刻な問題である。もし輸出がどんどん減ってしまい、生活必需品である食糧や石油の輸入代金を稼ぐことができなくなると、国民生活はパニックである。従って、これからの成熟化低成長社会における望ましい産業構造へのシフトを進めていく時に、「医療・介護産業の拡充」と並行して考えておかなければならないのが、「外貨を稼げる産業の育成」というテーマなのである。

ハイテク型環境関連が本命

では今後外貨を稼ぐことができるようになりそうな産業としては、どういうものが考えられるのか。

答えは、〝ハイテク型環境関連〟で決まりであろう。具体的には、太陽光発電関連、原子力発電関連、水処理関連が本命である。「外貨を稼げる産業」とは「国際競争力を持った高付加価値型輸出産業」であり、ということは、国際的に大きな需要が見込まれていて、しかも日本が技術的にも実績的にもトップ集団にいる産業だと言うことになる。

持続可能な成長社会という人類の共通目標を受けて、環境関連ビジネスが二一世紀の世界的な主力産業となることは明らかである。地球温暖化対策や自然環境保護を目的として、一九九七年に京都会議が開かれたり、二〇〇九年にはCOP15が出されたりと、このテーマに関する国際的な取り組みの方向性と枠組みに関するコンセンサスは、先進国だけでなく発展途上国も巻き込んでほぼグローバルに成立しつつある。この流れとともに国際的な巨大市場が出現して来るのは間違いない。

環境関連ビジネスの中で、市場規模が大きく技術集約型で、かつ日本が得意としているのが、太陽光発電、原子力発電、水処理なのである。

【太陽光発電】——太陽光発電は次世代のエネルギー供給元の本命とされており、予測される市場規模は二〇三〇年に約七〇兆円と巨大である。また太陽光発電の施設・設備は光を電気に変換するためのチップやフィルムといったエレクトロニクスデバイスの技術から、発電所システムとしての設備化技術まで、日本の得意技術の集積によって構成されるものである。実際、九〇年代から多くの日本企業は技術開発に取り組み、技術的にも実績的にも世界のトップランナーポジションを守り続けている。二〇〇〇年代に入ってから、このビジネスの必要性と将来性に目を向けたドイツ、アメリカ、中国のメーカーが政府の支援策を受けて急追して来ているが、日本メーカー（シャープ、京セラ等）も今後も積極的な戦略展開を計画している。

太陽光発電関連のビジネス規模は二〇二〇年～二〇三〇年の時点でのグローバル市場規模七〇兆円のうちの三割を日本企業が占めることができれば、その売上げは二〇兆円以上を見込めることになる。現在輸出総額一四兆を誇る日本最大の輸出産業である自動車産業に匹敵するほどのビッグビジネスを期待することができるのである。

【原子力発電】——同じく電力源として再び注目されているのが原子力発電である。原子力発電は事故が発生した場合のリスクが大きいために八〇年代後半以降世界的に利用が控えられて来ていたが、石油の高騰や石炭火力による環境負荷の観点から、近年とみに原子力発電を再評価する気運が高まっている。CO_2を出さないこと、燃料元であるウランの供給に余裕があること、そして何よりも技術の進歩によって事故のリスクをゼロに近づけることが可能になったからである。実際、中国は現在も二四基建設中であるが、二〇二〇年までさらに一〇〇基以上原子力発電所を建設する計画があり、アメリカも二〇年間凍結していた原子力発電所の建設を再開する方針を出した。その他にも、インド、ロシア、ブラジル、インドネシア等々で発表されている原子力発電所の建設計画は現時点で少なくとも、六六ヶ所にも上っている。

原子力発電に関しては、実は日本は極めて有利なポジションにある。一九七九年のスリーマイル島原発事故、一九八六年のソ連のチェルノブイリ原発事故以降世界中が原子力発電所の建設を控えていたために、ほとんどの原子力発電機器メーカーは事業から撤退してしまい、現在残っている有力メーカーは世界で実質的に三社のみである。その三社のうち二社が日立、東芝という日本メーカーである。また残りのもう一社であるフランスのアレバ社も日本の三菱重工と提携関係にある。これからの有望産業であるだけに、ロシアをはじめとする新しいライバルの追い上げも激しくなるであろうが、実績が重視される産業なので、今後建設される予定の原子力発電所の大半は日本企業が獲得することが期待できるのである。

【水関連】――ＣＯＰ15によるＣＯ$_2$削減、地球温暖化防止キャンペーンの派手な報道の陰であまり目立ってはいないが、新しい環境ビジネスとして〝水関連〟も巨大な市場が見込まれている。日本は水に恵まれているので実感が薄いかもしれないが、世界中の国の中で水道の水が飲める国はフィンランド、オーストリア等、わずか一〇ヶ国程度しかない。そればかりか、水の供給がボトルネックになって都市建設が進められないエリアや人が住めないエリアも少なくない。今後発展途上国を中心に世界の人口はますます増加していく。現在世界人口は六九億人であるが、二〇五〇年には九二億人に達すると予測されている。四〇年間で二三億人も増えることになるのだが、その時最も障害となるのが、電力でも食糧でもなく水だと言われているのだ。

〝水〟についても、日本は世界的にトップ水準の技術を有している。水処理施設全体の設計・建設を扱うプラントエンジニアリングでは日本は独壇場というわけではないが、水処理施設の心臓部に当たるポンプ装置や、水処理そのものを行う膜の技術では世界一の競争力を持つ。

今後、アフリカ諸国、中東の砂漠地帯、インドや中国の人口増加地域で、人口の増加とともに上水道・下水道の整備が必要となるが、そうした動きが水関連の莫大な需要を生むことになる。日本企業がこうした需要を上手く取り込むことができれば、有力な輸出産業となるであろう。

【EV（電気自動車）】——以上、社会インフラ型の三つの環境関連事業を挙げて紹介したが、今後大きな市場を形成していくことが予想されるEV（電気自動車）についても触れておこう。

自動車のEV化も環境関連、技術集約型、高付加価値、そして日本企業の競争力が高い、という条件を満たした巨大な事業機会であるのは間違いない。自動車産業は現時点での日本最大の産業であり、しかも最大の外貨獲得産業である。従ってEV化が進展することは日本メーカーにとってチャンスではあるのだが、同時にそれが日本経済にとってリスクでもあるという点で、先に挙げた三つのインフラ型環境関連ビジネスとは多少事情が異なっている。つまり、現在までの自動車産業において既に日本企業は世界市場での勝ち組であり、ＥＶ化による地殻変動によって日本メーカーが更にシェアを増やす可能性ももちろんあるのだが、ライバルにシェアを奪われるリスクもあるのだ。

しかもＥＶ化が起きると、自動車メーカーだけでなく、家電メーカーも有力な競争相手として参入して来ることが予想されている。この新規参入のチャンスはソニーやパナソニックといった日本の家電メーカーにとっては大きなチャンスであるが、トヨタやホンダといった日本の自動車メーカーにとっては脅威であって、日本全体としてはプラスマイナスの相殺作用が働くのである。またトヨタ、ホンダだけでなく、仮にソニーやパナソニックがＥＶ事業で成功したとしても、そのＥＶによって置換されるのはトヨタやホンダが製造している自動車かもしれない。この意味でも相殺作用になってしまう可能性があるのである。

ＥＶ化は二〇一五年で一二兆円（富士経済調べ）とも言われる巨大な事業機会ではあるが、日本企業にとって追加的な事業チャンスとは見なしにくい。むしろ死守しなければならない守りの戦いである。現在の最大の外貨獲得産業である自動車産業において、ＥＶ化競争でもし日本勢が負けてしまうようなことになれば、日本の外貨獲得能力は大きく低下してしまうことになる。その意味で三つの環境関連インフラ型ビジネスとは性格を異にするものの、何としても競争に勝ち抜いていく必要がある産業分野であることは間違いない。

産業構造シフトに向けての対照的な二つの政策方針

以上、これからの日本の産業構造において重要な位置を占めるべき〝外貨を稼ぐ産業〟として三つのハイテク型環境関連事業とEV事業を挙げて、その可能性について説明して来たが、最後にこれらの事業の育成方針についても簡単に言及しておこう。

新しい産業構造へのシフトを担う二つの産業グループのうち、先に説明した医療・介護産業については、その発展は人々の生活を支える新しい社会インフラを整えるものであり、また大量の雇用を創出するというメリットがあるので、極めて公的意味合いの強い経済政策である。従ってこの分野に対しては政府が積極的に関与していく必然性と必要性があると考えられる。

一方、二つ目のテーマとして示した外貨を稼ぐための産業は、前者とは産業特性が全く異なるので、当然育成の方法論も違ったものになる。ハイテク型環境関連ビジネスはこれからまさに急成長が始まるビジネスではあるものの、そのプレーヤーの多くは既存の名だたる有力企業である。そしてこれから国際市場で繰り広げられる競争はフリーコンペティションであり、政府による下手な支援と介入はかえって事業展開のスピードを遅らせたり、戦略の自由度を制約することになってしまいがちである。

かつて日本の産業政策の歴史において日本の主力産業と成り得た産業は、揺籃期こそ政府による保護・支援を受けることはあっても、全て自助努力によって競争力を高め世界市場で勝ち抜いて来たものばかりである。鉄鋼業然り、自動車産業然り、家電産業然りである。こうした過去の経験を踏まえて、しかもスピードとコストと品質を高いレベルで競い合うという産業特性を考えると、政府の保護と支援、及び介入は最小限にとどめるべきなのである。

四　この国のかたち：社会保障と市場メカニズムの両立

日本は社会的にも経済的にも成熟フェーズに入ったことに対応して、経済政策の軸を成長論から分配論に転換し、国民の誰もが安心して生活していけるようなしくみを整えていくべきであることを説明して来た。そのためには、これまで九七年以降全ての政権が逃げていた増税を行うこと、思い切った所得移転政策をとること、そして医療・介護産業と外貨を稼ぐ産業を育成していくことが必要であると解説した。

それでは、以上のような政策を行うことによって日本はどのような経済構造を作り上げるべきなのか。わが国の経済はどのようなしくみとメカニズムによって運営していくべきなのかという、総体としての日本経済の姿を描き出しておこう。

端的に言うと、日本の経済の基本的な姿としては「社会保障と市場メカニズムの両立」ということになる。

そもそものスタート地点である「国民の誰もが、医・食・住を保障される国家」というヴィジョンは、成熟社会の必然性に立脚した福祉国家の姿である。当然そうした社会は高福祉を賄うための高負担が必要であり、I章での試算においてもヴィジョンの実現のためには国民負担率を一〇％アップすることが必要であると説明したし、II章では現状の非合理な経済政策を糺すためにも増税から逃げるべきではないことを示した。

それでは、これからの日本は思い切った増税を行い、国民負担率を上げさえすれば、国民全員が安心して生活できる社会が実現し、そうした社会を継続していくことができるのかというと、そうではない。成熟した日本社会を継続的に支えるための経済活力を確保する必要があるのである。

成熟国家に適した〝経済活力の確保〟とは

経済活力の確保と言っても、そのための経済政策は成長フェーズのそれのように、産業育成至上主義的なものであっては、もちろんうまくいかない。I章の説明で使った（GDP）＝（労働量）＋（資本ストック）＋（TFP：全要素生産性）という式からも示されるように、これからの日本は労働量も資本量も増やしていくことは難しいので、TFPを改善すること、即ち経済効率を上げるしかないのである。

ＴＦＰを上げる手立ての一つとして、従来型の公共事業の中心産業であった土木建設業から、新しい公共財としての社会保障サービスを生み出してくれる医療・介護産業にウェイトを移す提案をしたが、想定したような医療・介護産業の大幅な拡充がなされたとしてもＧＤＰに占める割合は一〇％程度である。残りの九割の経済をどのようなしくみでどのように運営していくのかが、これからの日本社会において国民が享受できる生活水準と豊かさを決めることになる。

こう考えると、今後の日本経済においてはこれまで以上の効率化や生産性の向上が強く求められる。二〇一〇年以降、労働力人口の一％に当る七七万人が、毎年減少していく。少なくともその分だけは一人当りの生産性を向上させていかなければ、現行の日本の経済システムの運営を維持することはできない。

毎年、毎年着実に一％ずつ生産性を改善していくことは、成熟フェーズにある社会にとって大変な課題である。その為に必要となるのが規制緩和であり、企業に自由な活動を保証する市場メカニズムの尊重なのである。

国民負担率七〇％でも「幸せ度No.1」のデンマーク

日本の一人当りGDPはOECD30ヶ国中19位、平均（4.3万ドル）以下の3.8万ドル

OECD加盟国の一人当りのGDP(2008年)

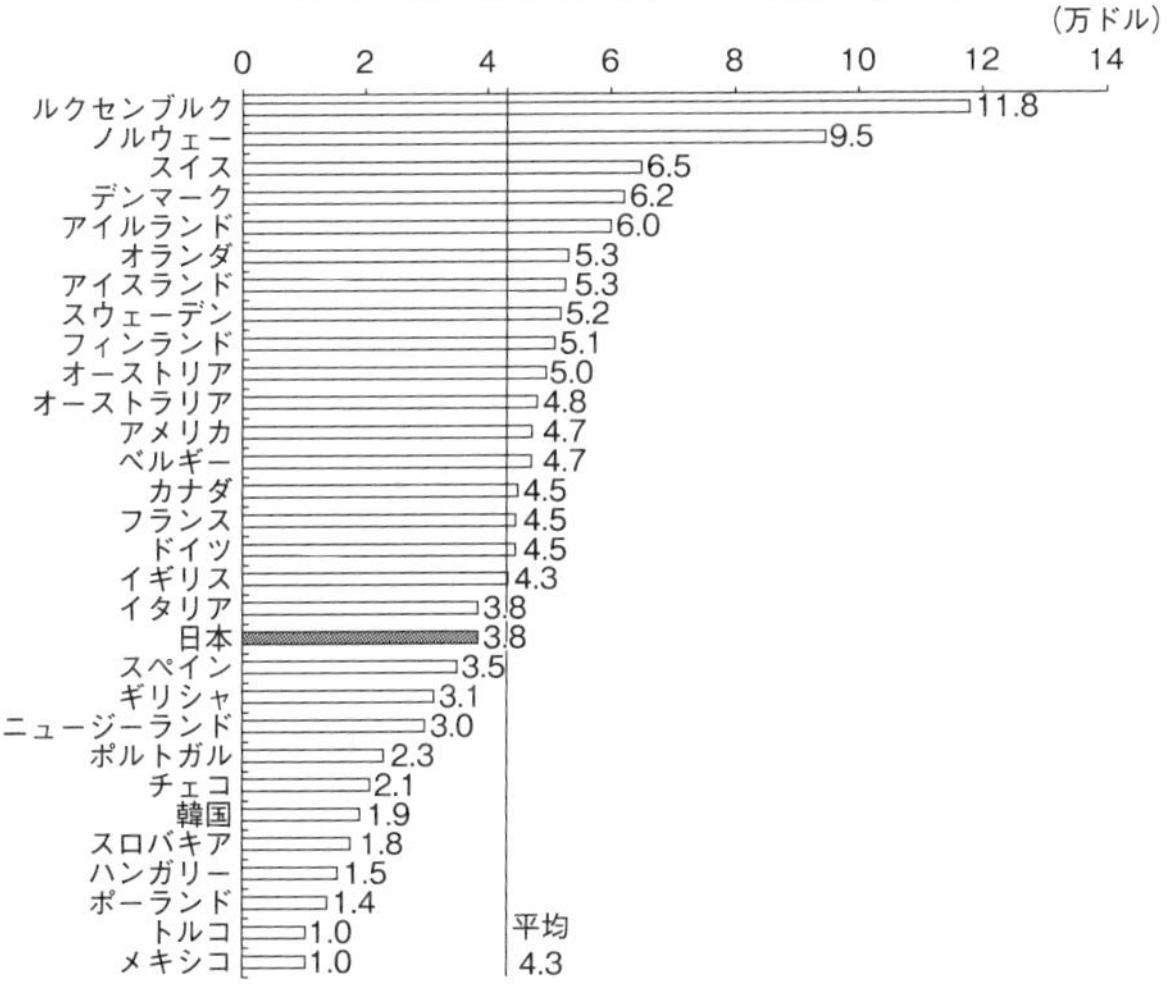

出典：国民経済計算年報

高福祉高負担の社会と聞くと、一昔前であれば社会主義国型の経済を想像したかもしれないが、現在ではむしろ逆のモデルが有効だと検証されて来ている。高福祉高負担の典型である北欧諸国はどの国も六六％～七〇％という世界最高水準の国民負担率でありながら、各国とも高い経済水準を達成している。

〇八年の北欧各国の一人当りGDPは、ノルウェーが九・五万ドル、デンマークが六・二万ドル、スウェーデンが五・二万ドル、フィンランドが五・一万

ドルと、日本の三・八万ドルと比べると遥かに高い水準である。このように北欧諸国は高福祉高負担でありながら、高い経済水準を達成しており、成熟化社会の成功モデルとされている。これから社会保障を充実させながら、しかも効率的で高い生産性の経済を築いていかなければならない日本にとって有力な参考モデルになるはずである。

ここでは北欧諸国のうちデンマークを取り上げて、その社会システム、経済システムを分析し、高福祉高負担と高効率経済の両立を実現させている要因を探ってみよう。

ところで北欧諸国のうちデンマークを取り上げたのには理由がある。デンマークは国民の幸福度に関する二つの調査で共に一位になった国であるからである。一つの調査は「あなたはどれくらい幸せですか?」という問いに対する答えを集計したアンケート調査（世界価値観調査二〇〇八）、もう一つの調査は、健康、GDP、教育、景観など、社会の豊かさや国民の幸福感に寄与すると考えられる様々な項目のデータを集計したもの（世界幸福ランキング二〇〇六）である。即ち、前者の方は国民が自らを幸福と思っているかどうかの主観的指標、後者は幸福を形成する因子を総合した客観的指標である。何とデンマークは主観的にも客観的にも、ともに世界一幸福な国とされたのである。

デンマークの二〇〇八年における一人当りGDPは六・二万ドルで、日本の約一・六倍である。デンマークの国民負担率は七一・七％でスウェーデンと並んで世界最高水準であるが、社会保障、社会福祉の水準も最高レベルで、本書がこれからの日本の国家ヴィジョンとして掲げた医療・介護の無料化はもちろん実施されているし、失業給付や生活保障の水準も世界最高レベルである。またそうした生活手当ての面だけでなく、教育も小学校から大学まで全て無料であり、特に大学生に対しては、学費が無料であるばかりか、大学生手当てとして全員に月額約一〇万円が支払われている。

ここまでの紹介だと、高い国民負担率によって手厚い社会保障制度を整備して国民の幸福度を上げるとともに、国家的レベルで教育投資を行うことによって高付加価値型の経済を実現しているという解釈になるであろう。もちろんそれも間違っていないのであるが、もう一つ重要な経済政策がある。

それが市場メカニズムの徹底的な尊重なのである。

実は九五年―〇五年間に、北欧諸国と並んで最も高い経済成長率を実現し、一人当りGDPの絶対額でも北欧諸国と同等のレベルを達成している国がもう一ヶ国ある。アメリカである。デンマークとアメリカとでは経済のしくみも政府のあり方も一八〇度違っている。デンマークは世界最高レベルの国民負担率の下、高福祉・高負担の社会であり、一方のア

日本の対GDP教育投資比率は
OECD平均（5.7%）にも満たない

OECD加盟国の対GDP教育投資比率

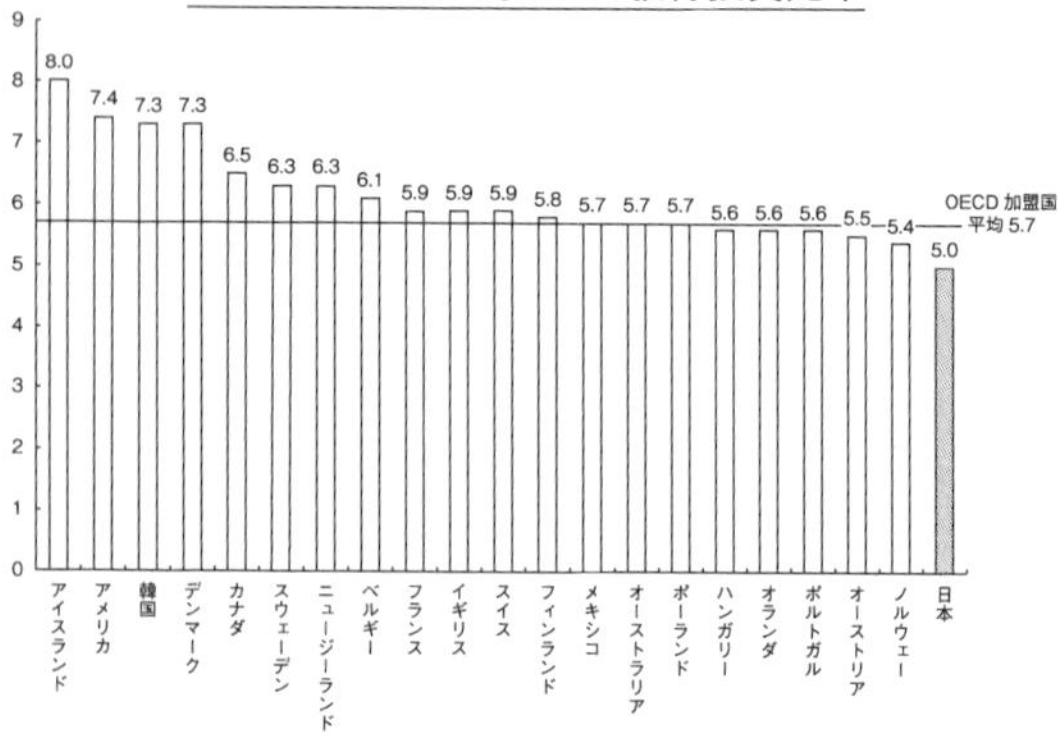

出典：「図表で見る教育2009」（OECD）

メリカは先進国中最低の国民負担率で、公的扶助は最低限にとどめ、自由と自己責任の原則に基づいた社会運営をしている。

このようにデンマークとアメリカの国家運営のしくみと理念はまさに正反対なのであるが、二つだけ共通していることがある。

アメリカとデンマークの二つの共通点

①教育への投資が世界トップ水準

一つは教育への投資水準がともに世界でトップ水準であることである。国家全体で投入される教育費のGDPに対する割合は、アメリカが七・四%で世界二位、デンマークは七・三%で世界三位である。

教育への投資、特に高等教育への投資は、知識集約化、技術集約化が進む国際経済競争の競争力の源泉であり、近年では国民に広く教育機会を与えるための社会保障的政策というよりも、国際競争に勝つための経済戦略的投資の性格が強くなって来ている。こうした経済環境の中で、アメリカ及びデンマークをはじめとする北欧諸国は教育に対する積極的な投資を行うことによって、高い経済水準と高いGDPという果実を手にしているのである。

②労働者を解雇しやすい

そしてもう一つの共通点は、実はこちらの共通点の方が興味深いのであるが、労働者の解雇のし易さである。OECDが出している Employment Outlook という各国の雇用に関する資料の中に企業が労働者を解雇する難易度を指標化した調査があるのだが、先進国の中では、最も解雇しにくい方からドイツ一・一九、フランス一・〇八、日本〇・八五となっているのに対して、解雇し易い方ではアメリカが〇・二三、イギリス〇・四九、カナダ〇・四九、についでデンマークは〇・六四と比較的解雇し易い国と認定されている。

アメリカ、イギリス、カナダはみなアングロサクソン流の価値観と伝統に基づいて自由

日本の雇用規制はかなり強い

雇用保護法制指標(常用雇用)の国際比較 (2008年)

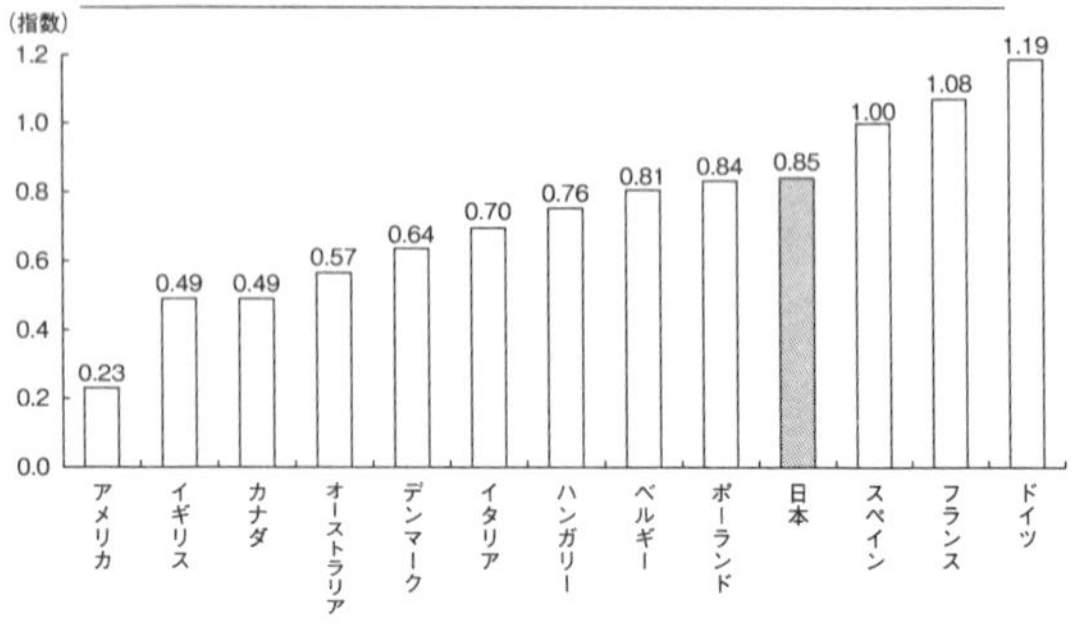

出典：Stat Extracts (OECD)

と自己責任のルールで運営されている国家であるので意外感はないのだが、それ以外ではデンマークが最も労働者を解雇し易い国だと言うのは、少々驚きである。実際デンマークでは企業は業績が悪くなると、あるいは業務の効率化が進んで人員が余剰になると、働いている人を即座に解雇することができるそうである。しかしデンマークでは企業を解雇されたとしても、失業手当ても生活保障も手厚いし、再就職のための様々な職業訓練を無料で受けられるしと、社会保障が万全な形で整っているために全く困ることはない。

だからこそ、デンマークの企業は市場ニーズの変化に的確に対応した人材体制でビジネスを行うことができるし、業績が悪化した場合には速やかにリストラを行うことができるので、市場対応力の高い企業経営が可能になるのである。デンマークの企業はリストラと採用を柔軟に行えるという経営の強みによって、スピーディーで無駄のない事業展開が実行できるのである。

ちなみに、この強みは本来アメリカ企業の特長であるのだが、伝統に反してこの強みを十分に活用できなかったアメリカ企業がGMをはじめとする自動車企業である。自動車産業は産業界のミスターアメリカとも言われる国家を代表する業種であったが、UAW（アメリカ自動車産業労働組合）の力が強くなり過ぎたために、GMをはじめとする自動車企業の労働者の権利が過剰に保護されるようになってしまった。その結果、アメリカの自動車企業は柔軟なリストラや市場対応策がとれなくなり、高コスト体質がどんどん膨張していってしまい、終いには経営破綻をきたしたのである。日本のJALの経営破綻と同様の原因構造である。

勝つための企業経営の要諦は、迅速かつ的確な市場への対応にある。デンマークは高福祉高負担の社会を築きながら、経済運営においては社会主義的政策の全く逆をいく企業の自由度を最大限に尊重するルールとしくみを整えているのだ。そしてこうした企業経営のルールとしくみこそが、経済成長と高付加価値経済を達成するための基礎的条件になっているのである。

高福祉だからこそ自由経済

　ところでこうしたしくみについては、「高福祉なのに自由経済」ではなく、「高福祉だからこそ自由経済」だと理解すべきである。手厚い社会保障による生活の保障があるからこそ、労働者は解雇に応じるのだし、企業の方は解雇も人材の入れ替えも自由に行えるからこそ市場競争に勝って社会保障の原資を賄うための利益を上げることができるのである。

　このようにデンマークは、手厚い社会保障と市場メカニズムの効率を上手く両立させることで国民経済の高いパフォーマンスを実現させているのであるが、このデンマーク型のルールとしくみを参考モデルにして、これからの日本経済のあるべき姿を探ってみよう。

　まずは何よりも参考にしなければならないのは、経済の活力を高めるために企業の自由度を最大限に認めることである。特に雇用・解雇の自由度の大きさは、企業が市場環境に合わせて最適化するための条件として極めて重要なポイントである。日本経済が〇二年～〇六年に久しぶりの回復を見せたのは、様々な規制緩和の実行が施されたためであるが、その一環として派遣社員制度が拡大されて企業が多様な雇用形態を選択することが可能になり、柔軟な人員体制をとれるようになったことも一つの大きな要因である。

その後のリーマンショックによる景気の落ち込みで大量の派遣社員が解雇や契約の打ち切りをされたが、これを受けて現在派遣法の厳格化が進んでいる。が、この対応方針は正しくない。そもそも私企業に過剰な雇用を強制することは、資本主義的ルールから逸脱している。労働者や失業者の生活を守る仕事は公的な責任であり、政府の仕事である。

また企業に対して雇用・解雇の自由を制約したり、多様な契約形態を認めないのも、柔軟な経営体制を阻害するもので、日本経済全体に対して与える影響としては、この弊害の方が就労者の身分の安定というメリットよりも明らかに大きい。就労者の身分と所得を頑なに守ろうとして破綻したＪＡＬはその典型である。二〇年以上も前から公的資金を何千億円単位で飲み込んで来ながら結局破綻してしまったのは、硬直的な雇用と処遇に手をつけられなかったためである。

企業の自由度を上げることが国民経済のパイを大きくする

市場の環境変化や顧客のニーズの変化に合わせて、製品やサービスの内容も、売り方も、作る場所も、そして組織体制までも全て変えていかなければ企業は勝ち残っていくことはできない。そのために企業は研究開発を行い、製造工程の効率化やビジネスモデルの組み替えを行って、市場に適応していこうとするのであるが、そのプロセスで業務の内容が変わったり、組織を拡大したり縮小したりということが常に発生する。こうした組織や人的資源の変更が実現できてこそ大幅なコストダウンが実現でき、ビジネスモデルの組み替えが可能になるのである。

そして企業にそうした自由度を認めることによって企業は競争力を高めていくことができ、国民経済全体のパイを拡大することができるのである。従って、企業活動の自由を抑制するようなルールが制定されてしまうと、国民経済全体の効率と生産性が損われることになる。日本の企業全てがＪＡＬのような経営体質になってしまうと日本経済がどうなるか、容易に想像がつくであろう。もちろんこれは企業の経営者や資本家にとってマイナスであるだけでなく、そこで働く就労者にとっても大きなマイナスである。企業の経営の自由を奪い、競争力を損ってまで雇用と労働条件を守っても、結局は労働者のためにも国民経済のためにも何もメリットはないのである。

とにかく雇用に関する自由度が国民経済に与えるメリットは驚くほど大きいことには十分に留意しておかなければならない。先ほど、九五年―〇五年の間に高いパフォーマンスを上げた国として、アメリカと北欧諸国を挙げたが、その間低成長にあえいでいたのが解雇の自由度の低いフランス、ドイツ、日本の三ヶ国である。高度経済成長期であれば、企業は現行事業の単純な量的拡大で成長していくことができるので解雇を行わなくてもよい。しかし低成長経済になってコスト競争が激化したり、経済のグローバル化に伴う事業ポートフォリオの組み替えが必要になったりする場合には、雇用の圧縮が必要だったり、単純な人数削減だけでなくスキル変更に伴う人材の入れ替えも求められたりするので、柔軟に雇用体制をコントロールできるかどうかが戦略の自由度を規定することになるのである。

そのため、雇用の自由度の高いアメリカとデンマークが高いパフォーマンスを示していたのに対し、雇用と解雇の自由度が低いフランス、ドイツ、日本の三ヶ国は競争力を低下させてしまったのは必然的帰結なのである。

もちろんだからと言って、就労者は企業活動に供される単なる部分や材料のように扱われても仕方がないのかと言うと、それは全く違う。労働者は、従業員として企業に守られるべきなのではなくて、国民として国家に守られるべきなのである。そのためのセーフティーネットが、公共財として国民全員に供される手厚い失業給付であり、十分な生活保護であり、医療・介護の無料化なのである。

高福祉と雇用保護のセットは危険な組合せ

ただし、手厚い社会保障は国民のモラルハザードによる総ぶら下がり化の危険をはらんでいるのも事実である。手厚い失業給付や生活保護によって仕事に就いていなくても生活ができるフランスとドイツでは、二〇〇〇年代を通じて失業率は八％～一〇％と常に高止まっている。また両国とも一年以上職に就いていない長期失業者率が常に四％～五％とこちらも高い数字が常態化している。先ほどフランスとドイツは解雇の自由度が最も低い国であることを紹介したが、このことと両国の失業率の高さとを合わせて考えると一つの重要なメッセージを得ることができる。

それは手厚い社会保障と固い雇用保護の組み合せは、国民経済を不健全にするということである。企業は一度社員を雇用したらなかなか解雇できないので、雇用を抑制しがちになる。そのため、仮に好況の時であっても雇用の拡大に慎重になって、雇用をあまり増やさない。好況の時に思い切って雇用を増やさないことは事業拡大の機会をフルに活用しないことであり、これは経済成長の機会損失につながってしまうことになる。このように、雇用を守り過ぎることは国民経済に対するマイナス効果の原因となってしまうのである。

しかも企業が雇用に慎重になっている中では、失業者はなかなか就職のチャンスが与えられないので働くことに対するモチベーションが下がってしまう。そして、手厚い社会保障によって働かなくても生活だけは何とかなるのでついずるずると失業状態を続けてしまうのである。このように雇用の硬直化と手厚い社会保障がセットになって生み出してしまう悪循環は、国民に仕事に対する情熱を失わせてしまったり、社会にぶら下がって生きていく道を選ばせてしまうことにもつながり、経済的な問題としてだけではなく、国民性や価値観の問題としても深刻である。これは、失業者本人にとっても、国家にとっても、国の劣化とすら言えるほどの極めて残念なことである。

こうした事態に陥らないようにするためには、何よりもまず、企業の自由な活動を認めて経済を活性化させるための制度とルールが不可決である。採用形態や解雇の自由度が高ければ、企業は事業内容の入れ替えやビジネスモデルの変更が迅速・柔軟に可能になる。このことがひいては産業構造の新陳代謝を促進し、国民経済全体の生産性を上げていく。そして国民経済全体が活性化すれば、企業は失業者に対して雇用機会を再び提供できるようになるし、それと同時に手厚い社会保障を提供するための原資を生み出すことが可能になるのである。これが柔軟な雇用ルールによる良循環である。

日本がこれから新しい経済のしくみを考えていく上で、このテーマは極めて重要である。特に雇用・解雇の自由度がフランス、ドイツと並んで狭い現状を踏まえると、高福祉社会を目指していく際の雇用政策の対応を一歩間違えてしまうと、失業率一〇％、長期失業率五％というあまりにも不毛な事態を招いてしまう。特に危機感を感じるのは、現在派遣社員制度が厳格化されようとしていることである。わが国の派遣社員制度は、解雇が困難な条件の中で柔軟で多様な雇用体制を実現するために導入された貴重な規制緩和の成果であったのに、この制度を再び厳格化してしまうと企業の経営の自由度が大きく損われてしまうことになる。この方向性の先にあるのは失業者の増大、失業の固定化と、国民経済の沈滞なのである。

国民が安心して生活でき、労働者が仕事に前向きに携っていけるようにするためには、「高福祉だからこそ自由経済」の方向性を決して踏み外してはならないのである。

現代の教育への投資は産業インフラの整備である

九〇年代後半以降経済が特に好調だったアメリカと北欧諸国のもう一つの共通点である教育に対する積極的な投資についても説明しておこう。

GDPに占める教育費の割合は、アメリカが七・四%で世界二位、デンマークが七・三%で三位であるのに対して、日本はOECD平均の五・七%を下回る五・〇%で、二一位に低迷しているというのが残念な現実の姿である。近年の日本の経済の低迷は、教育に対する投資が不足していることも大いに関係していると考えられる。

教育への投資はその国の長期的な経済競争力を決める重要な関数である。教育への投資額が大きいほどその国の人材の知的水準が向上し、人材の知的水準が高いほど高付加価値型の産業が発達する。そして高付加価値型産業が発達するということは、国民経済の生産性が高まるということであり、豊かな国民生活が実現するということになる。

九〇年代後半以降、世界経済の中で高収益を享受している新しい時代の主力産業は、IT、バイオ、金融といった高度な知識集約型の産業ばかりである。八〇年代までの主力産業であった自動車、家電・エレクトロニクスといったアセンブリー型製造業は、九〇年代以降も産業としての規模は大きいものの、中進国の技術水準の向上や中進国の有力プレイヤーの躍進もあって、厳しいコスト競争が起こり、先進国にとっての高収益産業ではなくなって来ている。

当然のことではあるが、近年の高収益産業であるIT、バイオ、金融といった高度な知識集約型産業の競争力は人材の知的水準によって決まる。ＩＴにしても、バイオにしても、金融にしても、世界市場を制覇し得るほどの競争力を獲得しようとすると、ノーベル賞級の知的水準を有する人材が必要になるほどである。またそうしたノーベル賞級の人材とチームを組んで働くことができる人材に求められる知的水準も極めて高いものが必要である。そしてこうした高いレベルの人材の層が厚くなければ、高度知識集約型高付加価値産業は国民経済の中に根付かない。

従って、今日の高度知識集約型高付加価値産業を国家の主力産業として育成しようとするならば、戦略的教育投資を行い、国民全体の知的水準を上げ、高度な知的水準を有する人材の層を厚くすることが必須の条件なのである。高い知的水準を有する人材の層は知識集約型産業の産業インフラであり、その意味で教育投資は産業インフラへの投資と考えることができるのである。このような経済メカニズムの中でアメリカやデンマークが取っている教育への傾斜的投資は、まさに的を射た経済戦略だと言えよう。

一方、日本はどうか。

日本の教育への投資水準はＯＥＣＤの平均すらも下回っており、最下位グループの一員であるという事実は深刻な問題である。教育への投資不足は日本人の知的水準がトレンドとして低落している大きな要因であると考えられる。ＯＥＣＤ各国の知的水準を計測するＰＩＳＡという調査が三年おきに行われているが、その結果は何とも情けない現実を映し出している。ＰＩＳＡは二〇〇〇年、二〇〇三年、二〇〇六年と行われたが、日本の成績は、読解力では八位↓一四位↓一五位、数学的リテラシーでは、一位↓六位↓一〇位、科学的リテラシーでは二位↓二位↓六位と、三項目全てで低落傾向が続いているのである。

しかも今年からいわゆる〝ゆとり教育世代〟が社会人として登場して来る。〝ゆとり教育世代〟は、本人達の責任ではないが、政策によって量的にも質的にも少ない教育しか受けていないので、必然的に知的水準が下がっていると推測される。これでは高度知識集約型高付加価値産業のグローバル競争において大逆転を期待することは難しいであろう。

とは言え、諦めて佇んでいる暇はない。一刻も早く教育の強化、教育への戦略的投資を行って、日本人の知的能力水準を回復させなければならない。

「ゆとり教育の失敗」から立ち直ったアメリカの前例

戦略的政策転換によって、ゆとり教育の弊害から立ち直った前例がある。

かつて七〇年代にアメリカは、いわゆる〝ゆとり教育〟を行ったせいで全産業に及ぶ競争力の低下が起きてしまった。アメリカの顔とも言われていた自動車産業の衰退を筆頭に、ほぼ全産業において技術開発競争に遅れを取り、アメリカ経済の没落が起きた。その事態を受けて当時のレーガン大統領がとった政策が「Nation at a risk（危機に立つ国家）」と題する大統領教書によって宣言した〝教育の徹底的強化〟であった。大統領の指示によって〝ゆとり教育〟は廃止され、小中学校の授業時間数の大幅増から大学の教育カリキュラムのレベルアップに至るまで、教育全般にわたる徹底的な強化がただちに実行された。

その成果が、その後アメリカ発で世界に新しい時代を開いたインターネット革命だと言われている。実際、マイクロソフト、ヤフー、アマゾン、グーグル等の世界を席巻したインターネット系ベンチャーは全てこの後に続々と誕生して来たものである。またリーマンショックで一時代を終えたかのように見えるが、インターネット系企業と並んでアメリカ経済を牽引して来たゴールドマンサックスやモルガンスタンレー等の投資銀行や証券会社も、この政策の後に隆盛を極めることになったのだ。

教育の強化、及び教育への投資によって、日本の労働者全員の知的水準が向上すれば、各人が携る仕事が高付加価値化し得るし、またテクノロジーやビジネスモデルのイノベーションが起こり、企業や産業の競争力と生産性がアップすることも期待できるのである。

これは即ち全労働者、全産業に恩恵が及ぶＴＦＰの改善なのである。

最後にわれわれが目指すべき〝この国の経済のかたち〟について、Ⅱ章を総括してごく簡単に整理しておこう。

Ⅰ章で提示した「国民の誰もが、医・食・住を保障される国づくり」は、以下のような理念と政策と戦略によって実現される。

ヴィジョンを実現するための考え方と理念としては、従来の成長戦略と景気対策一辺倒の公共財として経済政策から脱却することが、まずその第一歩である。

そして分配論を軸にした経済政策に転換し、国民全員に手厚い社会保障を公共財として提供することを第一の政策目的とすべきである。

その際、歴代政権が避けて来た増税を三〇兆円規模で行い、社会保障の原資とするとともに、歪められた財政構造と非合理な政策を正すことが不可欠である。

またヴィジョン実現のための経済政策としては、医療・介護産業を主力産業として育成・拡充し、産業構造のシフトを促進していくことが求められる。また国民経済全体の生産性を向上させるために、教育に対する投資も拡大していくべきである。

以上の政策によってわれわれが作り上げていくべき〝この国の経済のかたち〟は、生活の心配をしなくてもよい手厚い社会保障と自由な経済活動が保証される市場主義を両輪とした、「高福祉だからこそ自由経済」の社会である。

Ⅲ　しくみの改革

Ⅰ章では、国民がこれからの成熟化社会の中で安心して生活し豊かな人生を送っていくための国家ヴィジョン「国民の誰もが、医・食・住を保障される国家」を提示し、Ⅱ章ではその国家ヴィジョンを実現していくための経済政策について解説した。

Ⅲ章では、国家ヴィジョンの実現、経済政策の遂行のために必要なしくみの改革について説明する。

戦略の実行には「組織・制度」こそ重要である

ちなみに、企業が経営戦略を策定し実行する場合には、まずその企業がどのような企業になりたいのかを「ヴィジョン」として設定し、そのヴィジョン達成のために統括プランとしての「全社戦略」を策定する。そして全社戦略を幾つかの「個別戦略」に展開して、より具体的なアクションプランに落としていく。その時、取るべきアクションに対して適合的な体制（組織や制度）の設計も必要になる。

企業戦略の策定・実行はこのようなプロセスで行うが、本書が提示して来た内容をこのプロセスに当てはめてみると、「国民の誰もが、医・食・住を保障される国家」というのが〝ヴィジョン〟、そのための基本政策「産業構造のシフト」が〝全社戦略〟。「成長論から分配論へ」、「市場メカニズムの尊重」というのが全社戦略を具体化していくための〝個別戦略〟ということになる。

そして、全社戦略や個別戦略を実際に遂行していくためには、戦略の特徴に合った〝組織体制〟や〝制度・ルール〟についても考えておかなければならない。戦略を実現していく上では、どのような形の組織や制度で実行していくのかが結果を大きく左右する。どの組織にどのような権限を持たせるのか、意思決定のプロセスをどのように規定するのか、A組織とB組織は上下関係か並列関係か……等々その戦略に携る人々が活動するためのしくみを戦略とマッチさせることが重要なのである。実際の企業の事業展開において、戦略自体は的確であっても、組織・制度がその戦略に対して不適切であったために失敗に終わるケースは少なくない。

企業の場合も、国家の場合も、ヴィジョンや戦略を語る時には興味や意識が高まり易いものだが、その実行体制に関しては〝後はよろしく〟的になってしまいがちである。これではうまくいかない。

目指すべきヴィジョンや定めた戦略のタイプによって、その戦略の実行に適合する組織や制度は大きく異なって来るものである。従って、ヴィジョンや戦略の策定と組織・制度

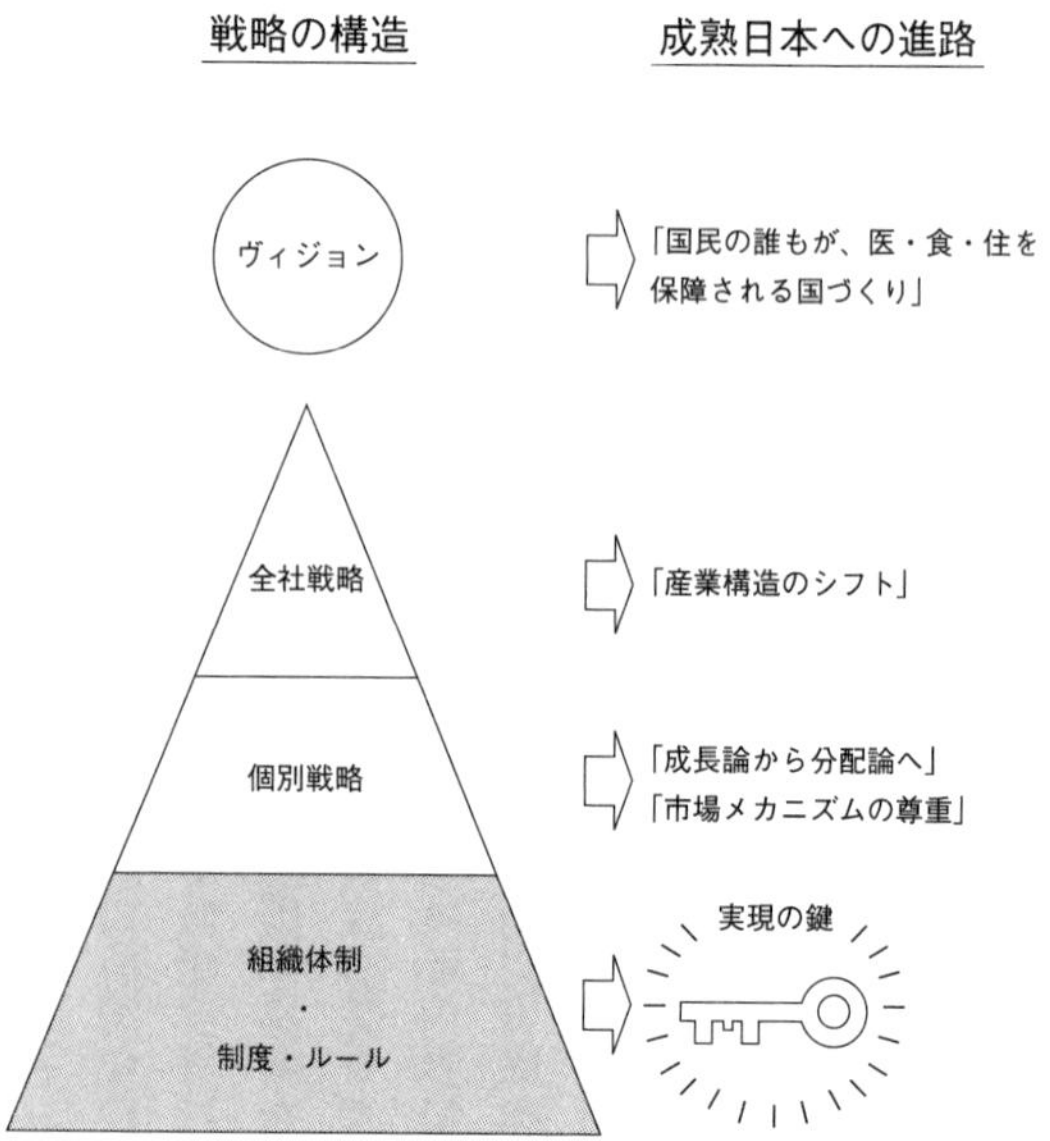
戦略の構造
成熟日本への進路
ヴィジョン
「国民の誰もが、医・食・住を保障される国づくり」
全社戦略
「産業構造のシフト」
個別戦略
「成長論から分配論へ」
「市場メカニズムの尊重」
組織体制
・
制度・ルール
実現の鍵

の設計はセットになったものであり、ヴィジョンや戦略を本当に実現できるかどうかの鍵を握っているのは、むしろ組織や制度をいかに適切に設計し運営するのかの方である。九〇点の戦略を作っても組織・制度が五〇点しかない場合よりは、七〇点の戦略であっても九〇点の組織・制度で実行する方が成果ははるかに大きいのである。

これまでも政治の世界においては〝改革〟が叫ばれたことは多々あったが、必ずしもうまくいったとは言えないことがほとんどであった。企業の場合も同様で、トップがいくら改革を叫んでも、現場はなかなか号令通りに変われないことが少なくない。どちらも、組織・制度の改革が不適切、不十分であったためであることが多い。

そもそも国家の場合も、企業の場合も、大きな変革を行おうとする時には、たいへんな抵抗を伴うものである。旧来のやり方に対する慣れや、旧来のやり方とともに発生している既得権が変革を嫌うからである。旧来のやり方や既得権に固執する勢力に負けて、戦略自体を修正してしまうようでは、元も子もない。大切なのは、こうした変革への抵抗を乗り越えるための知恵と工夫を込めて組織や制度を設計・運営していくことである。

その意味で、新しい国家ヴィジョンの実現のためには、国家の組織・制度を変革、再設計することが必要不可欠である。今までの日本の組織・制度は、従来の成長フェーズにおける国家ヴィジョンの追求や成長戦略の遂行に合わせて編成されたものである。当然のことながら、成熟化時代のヴィジョンには不適合だし、分配論と市場メカニズムを重視したこれからの戦略に対しては、非効率であったり、機能不全であったりする。従って新しい時代環境と新しいヴィジョンに合わせた国を動かすしくみとして新しい組織と制度を作り出せるかどうかが、新しいヴィジョンの実現を左右するのであり、一〇年後、二〇年後の国民の生活のあり様を決めるのである。

ちなみに組織や制度を改定、再設計する場合に重要なのは組織制度の理念である。現行の組織体制や運営制度の個別の問題点に対して、対症療法的に個別の修正を加えていくだけでは効率よく動く有機的に繋がったしくみにはならない。一つ一つの組織を束ね、多数の制度やルールを統括し得る組織運営制度全体の設計理念が明確に設定されていることが何よりも大切である。基本理念が何よりも大切であるというのは建築やＩＴシステムと全く同じで、何かを〝設計〟する場合に共通の勘どころである。

その意味で、これまでの日本の国を動かすしくみは良くできていたと言えよう。国家の成長フェーズに合わせて、経済成長戦略を強力に推進していくために合理的で強力なシステムとして組織も制度も緻密に設計されていた。これまでの日本社会は経済成長を最優先することをヴィジョンとして掲げ、「行政主導」と「独特の予算会計制度」を車の両輪として疾走して来た。しかし成熟フェーズに入った今も、同じ方法論で同じ路線の延長線上を走り続けようとしていることが最大の問題なのである。

しくみをセットで取り替える必要がある

路線変更の方向性はヴィジョンとして示した。走っていくべき路線は経済政策のあり方として示した。本章では古い車の両輪を外して、どのようなしくみに改めるべきかについて論じる。

これまでにも、行政改革を目指したことは度々あってもそのどれもがうまくいかなかったのは、緻密にかつ極めて強力に構築されている行政機構の部分的な手直ししかできなかったこと、そして強力な行政機構と一対をなしている独特の予算会計制度を改められなかったことに原因がある。

政治や政策を抜本的に変革しようとするならば、こうした行政のしくみをセットで取り替えなければならない。強力な行政機構と独特の予算会計制度は緻密にかつ有機的に結びついて、互いに支え合っているので、どちらかを部分的に変えたとしても、すぐに復元して来る。これまでに唯一成功したと言える小泉改革ですらも、〇六年に小泉元首相が退陣した後、強い復元力が働いてわずか三～四年で次々に逆戻りを始めている。

大きな政治の転換を実現するためにはしくみ全体をセットで変革しなければ決して成功しないのである。セットで取り替えるためには、新しいセットが明確な統括理念で有機的に統括されたものでなければならない。従って、新しいセットの理念が個別の改革案以上に重要なのである。

こうした認識に基づいて、個別の改革案の説明に入る前に新しいしくみの基本理念について考えてみよう。

これからわが国が目指すべきヴィジョンは「国民の誰もが、医・食・住を保障される国家」であり、国民が安心できる生活が何よりも優先される社会である。こう書くと民主主義社会の目的として当り前のようにも感じるが、これまでは経済成長を最優先テーマにしたために、経済主体である企業や産業に焦点を合わせた政治がなされて来たわけである。一方これからの日本が目指すべき政治は、国民に焦点を合わせた国民生活の安定と保障を重視する政治ということになる。

「国民生活の安定と保障」を実現するために、〝医・食・住の保障〟というヴィジョンを掲げるのであり、そのヴィジョンを実現するために〝産業構造のシフト〟を行い、〝分配論〟を重視し、国民に〝直接給付〟し、企業や産業の活動を〝市場メカニズム〟に委ねるのである。このように「国民生活の安定と保障」という基本理念は、本書が提起して来た戦略のそれぞれと整合している。この整合性を踏まえて、組織や制度についても基本理念に合致する形で設計していけばよいのである。

「国民生活の安定と保障」を実現するためには、当然のことながら大前提として、国民の意志と利害が政治・政策に的確に反映されなければならない。その為には、まず何よりも国民によって選ばれた政治家による「政治主導」にする必要がある。これはとりも直さず現在の「行政主導」を止めるということである。ということは「行政主導」とセットになっていた「独特の予算会計制度」をも改革しなければならないということになる。

本来、民主主義国家における政治のしくみは、国民に選ばれた国会議員によって主導されるように設計されている。また国民から集めた税金をどう使うのかを決める予算制度はその国の政治に関わる最も重要な制度であり、当然国民/国会議員による厳正な審査が及ぶものでなければならない。にもかかわらず、政治主導が実現せず、政治主導を妨げる予算会計制度が続けられていたということは、あるべき姿を阻んで来た何らかの大きな構造要因があるはずである。

これから日本が目指していくべきヴィジョンに向けての政治のしくみを作り上げるためには、まずあるべき姿の実現を阻んで来た構造要因を解明した上で、新しいセットを探っていかなければならない。まず、これまでの行政主導型政治のしくみとメカニズム、及びそのしくみを支えている主要なファクターについて分析していこう。

一　行政主導政治のしくみ

⑴官僚機構の二つの本能――「変化の排除」と「自己増殖の追求」

新しい国家ヴィジョンを実現するためのしくみ作りの上でまず行わなければならないのは、官僚制度改革である。本章の冒頭で、日本が成長フェーズから成熟フェーズに移行したために、成長フェーズに合わせて作り上げられていた今までの行政機構を成熟フェーズに合致したものに変えなければならないと述べたが、それはむしろ官僚制度改革を行わなければならないことの表向きの理由である。

より核心的な理由を言うと、日本の官僚機構は素晴らしく良く出来ていて、大変に官僚的だからこそ変えなければならないのである。何を言っているのかというと、官僚機構とは変化を排除しようとする本能と肥大化しようとする本能を持つものである。日本の官僚機構は昔から素晴らしく優秀で、そのため二つの本能に基づいて常に変化を排除しながら増殖を続けている。

日本の行政を取り仕切っている官僚機構とは一体どのようなものであるのか、そして官僚機構が日本の国に対して何を行っているのかについて、まず理解しなければならない。官僚機構が持つ二つの本能とその本能がどのような政策として姿を現わすのか、典型的な事例を挙げてみよう。エピソードとしては八ッ場ダムの話、介護行政の対応、社保庁の問題等々、近年の実例もいくらでもあるのだが、あまりに生々しいので敢えて昔の話で紹介しよう。

アメリカを含む連合軍を相手に戦った第二次世界大戦は、日清・日露の闘いからスタートした帝国主義的拡大路線の上での二〇世紀最大の政治行為である。この第二次世界大戦において、もし軍という官僚機構がその優秀さを客観的な状況分析と柔軟な意思決定に使っていたら、日華事変の初期かノモンハン事件の時に帝国主義的拡大路線を転換していたはずである。もしそれほどまでには柔軟にはなれなかったとしても少しでも国益に対して理性的であれば、ミッドウェー海戦で主力の戦艦を失った時、レイテ島沖海戦で実質的勝敗が決した時のいずれかで、戦争終結へと方向転換したはずである。これだけの判断材料がありながらも、決して方針を変えないまま、沖縄が占領されたり、東京が火の海にされたりしても戦争を遂行し続けたのは、官僚（軍）の本能に基づいたものとしか理解のしようがない。

本能に根ざした自分達の目的（決して国益が目的ではない）に対する官僚の実行力と執着心にはすさまじいものがある。国民を戦争へと巻き込んでいくために大政翼賛体制で各メディアをプロパガンダ機関化したり、都合の悪い言論者や政治家に対しては特高を使って封殺・粛清したりすることすら辞さない。何があっても自分達の無謬性を信じ、障害は排除し、全ての手立てを駆使して、ひたすら前に進んでいく。その前進が止まるのは、革命とか敗戦とかといった官僚機構がよって立つ国家の基盤が崩壊した時だけである。

何故、新しい国家ヴィジョン実現の話をするのにこんな大げさな話をしているのかというと、官僚機構というのはことほど左様に変化を受け付けないことと、自己増殖の追及に関しては、一般の国民が想像するよりも遥かに強引でしかもしたたかであるということを理解して頂きたいからである。

歴代の行革は官僚によって骨抜きにされてきた

戦後に編成された行政体制が時代に合わなくなったとの判断で、最初に抜本的な行政機構改革を行おうとしたのは一九八一年の土光臨調の時であるから、既にもう三〇年も前である。その後も一九八五年には行政改革のグランドデザインとして前川レポートが出され、九三年には細川内閣が行革を看板に掲げて登場し、九六年には自民党最大派閥のプリンスと呼ばれた橋本龍太郎の内閣も行政改革を目指したが、これらの試みは全てみごとなまでに骨が抜かれ、或いは潰された。唯一健闘したのは郵政改革の是非を掲げて解散・総選挙を行い、国民の圧倒的な支持を得て勢いをつけた小泉内閣であったが、その最大の成果であった郵政民営化もたった二年の後には日本郵政のトップに官僚OBが凱旋帰還するという形で引き戻された。

この日本郵政のトップ人事は日本の政治のしくみを語る上で象徴的である。この人事を行ったのは政権与党であり、一見政治家の意思決定によるものと映るかもしれないが、そういう解釈は表層的に過ぎる。制度上の人選と決定は政治家の側にあるかもしれないが、もしそうだとしても、選ばれたOB官僚本人に民営会社のトップに天下りすることを良しとしない判断があれば依頼を断るはずである。

折りしも、日銀総裁人事において官僚OBの着任に対して国民はNOの意志を表明していたし、官僚の天下りやわたりの問題は国民の政治に対する最大の不満であることは周知のことであった状況である。国民は当然民間人を期待していたことを、政権与党も官僚も皆が分かっていたはずである。そのような状況の中で、あのような強引な人事が強行されたのは、政権に対する官僚機構の圧力によるもの以外の何物でもないだろう。着任したOB官僚は何が何でも自分が就きたかったわけではないかもしれない。自分の為というよりも官僚機構のために天下りポストを失地回復したいという思いが強かったのかもしれない。むしろ国民からの批判と不評の嵐の中で、自分が身を挺して官僚帝国の失地回復に赴くというヒロイズムの気分すら感じていたのかもしれない。

とにかく、国民の意向と違っていようが、政治家の意図とは相容れなかろうが、官僚機構は自己増殖のための前進を決して止めることはない。この強引さとしぶとさをイメージして頂くために、空母や戦艦が沈められても、沖縄が焼き払われても、無益な特攻を続けながらも戦争を止めなかった軍官僚の話をひいたのである。

平成の大合併でも公務員の数はほとんど減っていない

変化を拒み増殖を続ける官僚機構の本能を表している最近のエピソードも一つ紹介しておこう。

近い将来に予想される人口減少と財政の逼迫に向けて、一九九五年から二〇一〇年の間に平成の大合併と呼ばれる市町村統合がなされた。これによって全国の市町村の数は三二三二から一七二七へと減少したのであるが、この市町村統合によって市町村議会の議員の数を六・五万人から三・七万人へと二・八万人も減らすことが出来た。これは四割以上の人員削減であるから立派な成果である。しかし一方で官僚機構の末端組織である地方公務員は実質的にはほとんど減っていないのである。

もちろん地方公務員という肩書きの人数は九五年〜二〇一〇年の同期内で四二万人減、約一二%の削減が行われているように見えているが、その削減数の大半は、いわゆる公営企業へ振り替えただけで、純減はほとんどゼロに近い。国家公務員を減らす時の手法として様々な独立行政法人や公益法人に看板を掛け替えたのと同じ手法である。

私企業の場合、企業合併を行った時は本社の人員数を半減させることも珍しくない。本社スタッフの人数が多いとかえって事務処理の手続きが煩雑になってしまったり、様々な判断が錯綜したりして仕事が遅くなり、コストも膨張してしまう。これではせっかくの合併も百害あって一利なしになってしまうので、合併した場合のスタッフ削減は必須事項である。

官僚/公務員は優秀であるのでこのパーキンソンの法則は良く知っている。だからこそ議員数を削減するように誘導したのであろう。その成果が四割以上もの議員数の削減なのである。ただし、自分達の方の削減は考えない。一応自分達も痛みを分担するふりをして、公務員という名刺の肩書きを公営企業職員という名称に印刷し直すくらいである。議員の方はバッジを外すとただの人であるが、公務員の方は、公営企業職員と名刺は変わっても、待遇は何一つ変わらないのである。

ちなみに自分達の既得権に執着し、自己増殖を望む本能はもちろん地方公務員だけのものではない。元トップ官僚による日本郵政への失地回復のような派手な侵攻もあれば、現場は現場で着実に版図を広げる努力を続けている。三三万人いる国家公務員を二〇〇六年から五年間で一万七〇〇〇人削減するという小泉改革の骨太方針に対して、各省庁は頑としてゼロ回答を出し続けた。この骨太の方針は閣議決定を経た正当な行政命令であったにもかかわらず、小泉首相の退陣を睨んで、全ての省庁が一致団結して徹底抗戦を決め込んだのである。誰が何と言おうと、どんな障害があろうと、既得権を守ることと自己増殖のための前進は決して止めない官僚魂の本領発揮のエピソードである。

日本のベストアンドブライテストの集団が全ての英知と執着心を以て、しかも私利私欲ではなく自分の帰属している組織集団のためにという聖戦の戦士のような心持ちで、既得権を守り自己増殖の任務を遂行するのが官僚機構である。だからこそ国を変えようとした時に何よりも手強い障害になるのは官僚機構であり、まただからこそ、国家を変革しようとするならば、まず官僚機構を変えなければならないのである。

(2)三権分立の頂点に立った官僚

官僚機構は変化を拒み、自己増殖を追及するという話をしたが、これは日本の官僚機構に特有の話ではない。洋の東西、時代の古今を問わず官僚機構という行政機関が普遍的に持っている本能である。

ちなみに〝官僚的である〟という言葉の意味やイメージは、日本語でも英語でもフランス語でもドイツ語でも、ほぼ同じであるらしい。融通が利かなくて、前例主義で、保身を図り、権威主義的で……というように万国共通でマイナスなものばかりである。従って先ほど紹介した日本の官僚と官僚機構の話は特別にひどいものではないと思って良いだろう。

日本の官僚と官僚機構がひどいのは、いや凄いのは、三権分立の民主主義国家であるわが国の政治機構の中で頂点の地位を占めることに成功し、しかもそれが決して揺らぐことがないようなフェイルセーフの仕掛けを十重二十重に張り巡らせたシステムを築き上げていることである。

官僚機構が頂点を占める日本特有の統治システムについて説明しよう。

本来、官僚機構＝行政機関は議院内閣制によって政治家のコントロールを受けるものである。内閣は行政の統治機関で、トップの内閣総理大臣と大多数の大臣は国民から選挙で選ばれた国会議員である。そして財務省は財務大臣の指揮・命令によって動き、国交省は国交大臣の指揮・命令に従って仕事をするというしくみとルールである。従って国民によって選ばれた国会議員が行政機関のトップとして官僚を指揮・監督しながら、官僚／公務員は国民に対して行政サービスを行うというのが行政の基本スタンスである。またその行政サービスの内容は国会において国会議員によって議論され、採決を経て、法律を伴って決定される。

このように国会議員によって決められたことを、国会議員である大臣の指揮の下で官僚が行うのであるから、立法・行政・司法の三権分立とは言っても行政機関は完全に国会議員の部下のような立場であって、三機能並列というよりは行政は国会／国会議員に対して従属的な役割分担ですらある。これが民主主義の本来の基本構図である。国民に主権があるのであるから、国民の意思によって選ばれた国会議員こそが最上位に立ち行政機構を使って国民にサービスを行うというのが、当然かつ健全な姿なのである。

しかし、日本の優秀な官僚は三権分立を抜け出して国会議員である大臣よりも、立法府である国会よりも、独立した司法よりも上位に官僚機構を位置づけることに成功した。

国会に対する優越を実現するための戦略は極めてシンプルである。法案を官僚がほぼ独占的に書くことによって、実質的に立法権を乗っ取ったのである。行政サービスの実態やその手続き、及び既存の法律との整合性は非常に複雑で、選挙対策に追われる国会議員ではそのディテールまではなかなか精通できるものではない。行政の現場を握り、しかも一つの省庁で二〇年も三〇年も経験と専門知識を積み上げて来た官僚でなければ、一本の法案を書き上げることは難しいのである。

だからこそ行政機関のブラックボックス化を防ぎ、行政機関の独走を許さないために国民に選ばれた国会議員が大臣として官僚をコントロールし、国民の意向を法案や行政サービスに反映させるしくみになっているのである。従って大臣が各省庁をきちんと掌握することができていれば、民主主義の統治機構として正しく機能するのであるが、日本の官僚は国会議員である大臣の指揮・監督を有名無実化することにも成功したのである。

「大臣に従わない」という戦法

どのような戦略とメカニズムによって大臣の指揮を受け付けないようにし得たのかとい

うと、やはりそのやり口は単純である。

大臣に従わない。ただそれだけである。

大臣経験者が共通して言うのは、大臣として良い仕事をしようとすると、いかに官僚と上手くつき合うかが鍵になるということである。長くてもせいぜい数年間程度の大臣の任期の中で何本かの法案を成立させ、滞りなく予算を組むためには、法案や予算事項に精通した官僚の助けが不可欠である。もし官僚の意向や思惑と違うことをしようとして反発を買い協力が得られなかったら、大臣として指揮している省庁関連の法案も予算も何一つ形にできなくなってしまう。

これは政治家としての失態であり、次の選挙での当選がおぼつかなくなるという国会議員にとって最大のリスクを招いてしまうことになる。従って大半の大臣は官僚と〝握る〟、即ち官僚の嫌がることはしない代わりに、大臣としての何らかの実績を官僚に作ってもらうのである（もちろんその法案・予算の中身は官僚機構の利害に合ったものに限るが）。

しかし、三〇年も前から行政改革が叫ばれていることを見ても分かるように、明らかに修正していかなければならないような行政事項も多い。そこで威勢が良くて、頭も良くて、良心的な政治家が、行政の方針を変更しようと頑張る場合がある。大臣として官僚と一戦交えるわけである。

こういう大臣対官僚の戦いの際に官僚が取るのが、先ほど紹介した「大臣に従わない」というまことにシンプルでありながら、極めて強力な戦法なのである。

「従わない」戦法も細かく分けると三段階あるそうである。レクチャー、リーク、サボタージュである。

【i　レクチャー】――レクチャーとは、大量の資料を持った担当官が次から次へと大臣室に訪れて、官僚達が進めようとしている政策の正しさを大臣に延々と説明することである。説得力を持ちそうな事実とデータだけを都合良く取り揃えて、複数の専門官が入れ替わり立ち代りで説明するのである。これをやられると、たいていの大臣は頭の中で情報処理できなくなってしまい、或いは疲れてしまい妥協してしまうものらしい。言うなれば、大臣に対する洗脳である。

【ii　リーク】――それでも折れないで大臣が頑張っていると、次に繰り出して来るのがリークである。これは大臣が推進しようとしている案の内容に対して世論の反発や批判が巻き起こるようなネタを、テレビや新聞にリークするやり方である。各省庁は記者クラブ制を取っており、各メディアの担当者との協力関係を築いているため、官僚によるリークは大きなニュースとして取り上げられることが多く、官僚の目論見通りにアンチ大臣案の世論が作り上げられていく。世論の批判が湧き上がると、いくら骨のある大臣でも選挙商売の身であるため弱いものである。

ちなみに記者クラブ制度は日本独特の制度である。各省庁が認めた大手新聞社、大手テレビ局のみが各省庁の記者クラブのメンバーになることができ、各省庁がそこで発表する内容を新聞やテレビが記事に書き、ニュースで流すというしくみである。そして各省庁の意向に添わない記事やニュースを流した新聞社やテレビ局は記者クラブから除名されたり、出入り禁止にされたりという制裁が課せられる。大本営発表メディア総動員全国的プロパガンダ体制である。日本の新聞やテレビがどこも似たような論調の記事やコメントが多いのはこのためである。

【iii　サボタージュ】――しかし官僚によるリーク戦法にあっても、それでも信念を曲げない大臣も稀れにはいる。そうした信念の人に対して取るのがサボタージュである。提出しろと命じた書類を期限までに提出しないとか、あるはずのデータを無いと言ったりとか、会議の召集をかけられても欠席するといった、かなり露骨な力技まで繰り出しての抵抗である。こうなると、さしもの信念の大臣も身動きが取れない。自分で役所の資料室にこもってデータファイルを探すわけにもいかないし、何千ページにも及ぶ資料を読み解くこともできない。そのうちに国会の会期が終わり、目指した政策は実現しないまま大臣の任期が切れて次の大臣にバトンタッチになる。そして新しい大臣と官僚は元の鞘に納まり、官僚の敷いた路線の上で粛々と行政が進んでいくのである。

長々と書いて来たが、このようなレクチャー、リーク、サボタージュという戦法を持つ官僚達の手強さの一端を理解して頂けたと思う。

なぜ大臣は従わない官僚をクビにできないのか

ここまで読んで来て、不思議に感じられる方がいるかもしれない。何故、大臣は従わない官僚を担当から外して、自分の方針に協力してくれる官僚を据えないのか。官僚機構はその省庁丸ごと大臣の指揮監督下にあり、次官以下、局長も課長も大臣が任免権を握っているのだから、その人事権を行使すれば組織を動かせるはずである、と疑問に思われる方もいるはずである。

しかしこの考え方は論理的には正しいが、現実的には正しくない。大臣は自分が統括している省庁の人事権を実質的には握っていない。大臣の方針に従わないという理由で更迭がなされたのは、田中真紀子外務大臣の時の局長一人である。しかもその田中真紀子大臣も様々な圧力によって時をおかずして大臣を辞するところまで追い込まれた。それ以外では小池百合子防衛大臣が防衛事務次官と大バトルをやったが、汚職疑惑のかかったこの次官ですら更迭という形ではなく辞任という形が精一杯であった。

こうした首を取る、挿げ替えるの戦いになると、官僚機構は全省庁が一枚岩となって普段以上に強力な組織になる。官僚機構の人事自治権という生命線を死守するために、縦割り文化のため普段は余り仲の良くない各省庁が一気に団結するのである。全省庁が団結してサボタージュをやられると政権自体が持たないので、政権の側も大臣の首の一つや二つは官僚側に差し出して妥協せざるを得なくなるのである。

このように大臣まで自分達の意向に添った方向性でしか仕事をさせないしくみができ上がっているため、実質的には官僚機構が大臣や内閣を牛耳っていることになるのだ。

「行政裁量に対する司法の敬譲」の絶大な威力

次に司法との関係について説明しておくと、行政は司法など大臣ほどにも問題としていない。そもそも行政は「行政裁量に対する司法の敬譲」によって司法から治外法権化しているのである。「行政裁量に対する司法の敬譲」とは、高度な専門性と正しい心がけで行政が裁量して行ったことに対しては、司法は敬意を以てそれを信頼するので、原則的にその妥当性を認めるという考え方である。ざっくり言うと、司法は行政のやることには原則的にはケチはつけませんということである。

このため日本では行政行為の妥当性や責任を追及するための行政裁判は、事実上行われていないに等しい。現在一年間に発生する行政紛争は二〇万件以上にも達しているが、行政を相手に裁判で争おうとしても裁判を受けつけてくれない。行政を訴えようとしても原告適格性に乏しいとか、行政側は被告適格性に欠けるとか言われて、ほとんどが門前払いにされてしまう。二〇万件強の紛争のうち裁判のところまで辿り着けるのはわずか一％以下の二〇〇〇件ほどである。日本の六割しか人口がいないドイツですら年間二二万件の行政裁判が行われているのであるから、日本には実質的には行政裁判が無いも同然なのである。

しかも、やっと裁判にまで辿り着けた二〇〇〇件のうち、行政と争って勝てるのはまたその約一割である。つまり二〇万件の行政紛争のうち、国民側の言い分が行政側に勝てるのは〇・一％ということになる。国民は行政と争ったとしても、九九・九％負けてしまうというのが今の日本の現実である。こうした現実の背景にあるのが「行政裁量に対する司法の敬譲」によって行政が司法から勝ち取った治外法権なのである。

以上のように、官僚／官僚機構は国会の立法権を実質的に手中に収め、司法からはそもそも治外法権であり、本来自分達の上司／上部機関であるはずの大臣や内閣に対してまで優越した地位を獲得している。国民主権の議会制民主主義制度の中で国民の意志と権利が及ぶのは選挙権の行使が効く国会議員と大臣までであるので、官僚と官僚機構は国民の意志や利害からも独立・超越した所にポジションを取ったのである。だからこそ、第二次世界大戦は止められなかったし、行政改革は成功しないのだ。官僚と官僚機構は国民の意志と政治のしくみから超越したポジションに陣取って自分達の組織の増殖と自分達が敷いた路線の踏襲のみをやり続けているのである。

こうした官僚機構を改革しない限りは、日本の政治の変革は決して実現しない。これがこれまでの政治を大きく転換して新しい国家ヴィジョンを実現して行こうとする時に、まず官僚制度を改革する必要性があると述べた理由なのである。

二　官僚機構を構築している四つのファクター

では次に、ここまでに紹介して来た官僚制度をこれほどまでに強固にしている構造的ファクターを整理しておこう。

官僚はベストアンドブライテスト

まず大前提として頭に入れておくべきなのは、日本の官僚は明らかに日本の人材の中でベストアンドブライテストであるということである。毎年約六〇〇人前後が入省する国家公務員上級職人材は、企業に入ろうがアカデミズムに進もうが、どの分野においてもトップを狙えるような人材ばかりである。頭脳明晰で、努力する能力に長けていて、コミュニケーション力や人間関係構築力も高い。多くの人は人格も優れている。こういう人達が全力で作り上げて守ろうとしているのが日本の官僚機構であるということを、大前提としてまず最初に理解しておかなければならない。その上で様々な仕掛けによって緻密で強固な官僚システムが構築されているのだから、官僚機構の改革が容易ではないのは当然なのである。

いずれにせよ、日本の官僚が極めて優秀なのも事実であるが、日本の官僚機構の緻密かつ強固なしくみには特筆すべきものがある。

緻密で強固な日本の官僚システムを構築している特長的な四つのファクターについて紹介していこう。四つのファクターとは、

①行政裁量権とデータの独占による「実質的な政策決定権」
②人事自治権と共同体ルールによる「組織的結束力」
③ブラックボックス化した特別会計による「莫大な資金力」
④メディアの掌握による「プロパガンダ機能」

である。

⑴行政裁量権とデータの独占による「実質的な政策決定権」

まず官僚機構が「行政裁量権」を有し、「データを独占」していることで手中にした「実質的な政策決定権」について説明しよう。

行政裁量と委任立法で政策を自由にコントロール

産業や企業に対する補助金や事業の許認可権は官僚のパワーの最大の根拠の一つである。補助金や事業の認可を申請した企業にそれが実際に与えられるかどうかは窓口担当者の判断に委ねられているわけであるから、政策を現実的に形にできるかどうかという現場のコントロール権を握っているのが官僚／行政官である。つまり、いくら国会で法律を作っても、現場の担当行政官が自分の判断や気分によってハンコを押さない限りは何も実現しないのである。

実は、行政の最大の現実的パワーとなっているこの裁量権は、法的なお墨付きを得て成立しているので極めて強固である。つまり、国会において大枠の法律を決定しても、その執行に当っては様々な事情を斟酌・判断して行われなければならないという考え方によって、行政は国会から「委任立法」の権利を得ているのである。従って、国会の作った法律に基づいて行政は政令や省令を自らが作り、自らの裁量において執行するのである。つまり国会では理念を語る表向きの法律を作り、行政はそれを受けて実質的な実行ルールとしての政令、省令を作っているのである。国会における法案を実質的に官僚が書いているという事実に加えて、官僚機構が現実に立法作業を行っているのである。

ところで日本の行政は他国と比べてやたらに許認可事項が多い。何かを申請したら自動的に認められるというのではなく、様々な条件を担当者が検討して認めるかどうかを決められる定めになっていることが多い。これはわが国の行政の裁量の範囲が特に広いためである。行政官が優秀でかつ善意であれば、行政の裁量の範囲が広いことは必ずしも悪いことではない。国会を通す法律の中に現場の細々とした事情を全て反映させようとするのは非効率であるため、現場をあずかる行政の裁量に任せた方が効率的である。

しかし、日本の行政裁量の範囲は明らかに効率化の範囲を超えている。生活保護の申請を断って餓死させてしまうような裁量は例外的だとしても、企業による新規事業進出や補助金申請などで、申請書を提出してから何ヶ月も何年もたなざらしにされてしまった話はしょっちゅう耳にする。その理由は申請書類の不備という名目による窓口担当者の気分対策の不備である。

どんなに国民や企業のための政策や法律を議員が議会で作ったとしても、その執行に際して現場の担当者に大きな裁量の範囲があると、全てその政策は行政官の利権のネタになってしまうのである（利権とは言っても、その大半はカネではなく気分である。威張る利権、お追従を言ってもらう利権、気に入らない者をいじめる利権。リスクが伴うカネの利権よりも、多くの行政官が日常的に享受しているのが気分の利権である)。

話を元に戻す。裁量権と委任立法という制度がセットになって、法律さえも自分達の意図に添った内容で運営を行えるしくみと権利を、行政／官僚機構は法的根拠を持って手に入れているのだ。この強みを最大限に活用すると、立法府である国会の立法権すら骨抜きにして自らの思惑のままに政策を決定していくことができるのである。

自在にデータを操って政策の根拠をコントロール

次いで、官僚機構の「実質的な政策決定権」を形成しているもう一つの強みが「データの独占」である。

世の中で何がどのように起きているのかを表すデータが無ければ、政策は何一つ決められない。世の中のほぼ全ての事柄に関する最も正しい一次データを握っているのが、行政の現場を掌握している官僚機構である。

ただし、最も正しい一次データを握っているからと言っても、それを素直にそのまま発表しているかというと、様々な編集、加工が施されている場合も少なくない。本書でも省庁が発表している様々なデータを使って分析したり、文章を書いたりしているのだが、その過程でも色々と面白いデータに遭遇した。

例えば、国民の所得の格差を表す〝ジニ係数〟である。ジニ係数については、厚労省やら総務省やらが、様々な前提条件で、小さいものから大きなものまで何種類ものジニ係数を発表している。平等社会を表す〇・二八三（総務省）というものから厳しい格差社会を表す〇・三九九（厚労省）というものまで色んなジニ係数が取り揃えられているのだ。つまり、省庁が「格差社会を解消するために……」という政策を打ち出したい時には大きなジニ係数を使えるように、「日本の社会は格差の小さい平等社会として上手くいっている……」というメッセージを発したい時には小さなジニ係数を出せるように、大小様々に揃えているのである。

こんなことは頭脳明晰な官僚にとっては簡単な仕事である。面白いところでは、〇八年度の貿易収支の数字には、赤字のものと黒字のものがある。財務省の貿易統計によると七六〇〇億円の赤字、同じ財務省の国際収支統計では一兆一六〇〇億円の黒字で発表されている。貿易額という国家の最も基本的なデータまで赤字か黒字かを使い分ける必要もないだろうに、と思う。

とにかく政策を立案する時の判断の根拠はデータに求められる。例えば高速道路を無料化すると経済効果はプラスなのかマイナスなのか、CO_2排出量は渋滞が減って削減されるのか、交通量が増えてCO_2は増加してしまうのか、等々の判断は様々なデータによって試算される。官僚はそもそも一次データを一手に握っている上に、様々な試算のテクニックを駆使することができるので、どのような数字でも作り出すことができる。

減税幅をどれくらいにすれば景気対策として有効なのかとか、後期高齢者の医療費負担を上げるべきか上げるべきではないのか、等々の政策決定の内容や方向性を、自分達が独占しているデータによって自在にコントロールし得るのである。データの独占と編集・加工のテクニックによって生み出される分析結果は、政治の方向性と法案の内容を決定付ける理論的根拠を形成するものであるだけに、官僚機構が実質的な立法権を掌握していることになるのである。

(2)人事自治権と共同体ルールによる「組織的結束力」

次はヒトと組織に関する官僚機構の強さ、「組織の結束力」について説明しよう。

組織の結束力という言葉にしてみると、ありふれた特長のように聞こえるかもしれないが、日本の官僚機構の類い稀れなる最大の強みはここにあると見なしてもよいほどに完璧なシステムになっている。

一般論で言うと、強い結束力に基づいた強力な組織の筆頭は軍隊である。軍隊は、国民の生命と財産を守るために、戦闘機や戦車まで使って殺し合いに臨むための組織であるから、考え得る限りの最強の組織設計がなされている。日本の軍隊と言えば自衛隊であるが、長年組織のコンサルティングや組織設計の仕事をして来た筆者の目から見て、日本の官僚機構は組織として自衛隊よりも強いのではないかと感じられるほどである。

軍隊以上に強力な強固かつ柔軟な官僚組織

厳しい規律と高いモチベーション及び、上意下達で迅速に行動するための制度・ルールの整備という点で、自衛隊は世界の軍隊の中でも十分及第点に達していると思われる。しかし日本の官僚機構は、そうした軍隊型の強みに加えて状況に応じた柔軟性をも有しているという点において自衛隊組織以上に強い組織である。特筆すべき柔軟性は二つの点において発揮される。

一つは、普段は縦割り組織の例に漏れず、官僚機構を構成する各々の省庁は余り仲は良くない。他省庁のことに口は出さないが、自分の所のことにも口は出させない。一緒にやれば国家のためにはずっとうまくいくのに、という場合でも決して一緒にはやらない。自分のところの行政事項について他省庁に譲歩したり、他省庁と組むことによって省益が侵されたりするのを徹底的に嫌うためである。

しかし、官僚制度改革の動きとか、大臣による官僚の更迭といった官僚機構に対する侵害や攻撃に対しては一気に団結して官僚機構防衛体制を取り、見事な one for all, all for one を見せる。このように、状況によって緩急自在に組織間連携のテンションを変化させる組織体制は、まるで生き物のようであり、文字通り究極の有機的組織体である。

もう一つの柔軟性は、組織全体としては上意下達のシステムで動いていながら、局所局所で司司が状況に応じた最適の判断ができることである。

省庁において上司の指示は絶対である。官僚同士の間では活発に議論をしているかのように思っている人もいるかもしれないが、官僚同士が平場で議論をすることはあまりない。官僚にとって自分に任された仕事は自分がやることであって、議論して何かを決めることはないと聞く。特に上司と部下の間では、上司からは指示かアドバイスが与えられるだけ、部下からは報告か意向伺いが上げられるだけである。つまり、意思と判断の流れは組織的には常に上から下への典型的な上意下達であって、軍隊と同じである。

しかし軍隊と異なるのは、上司から部下へと降ろされるのは指示や方向性の提示であって、具体的な行動命令の形を取ることは少ない。それは現場に近い所ほど現実に適った的確な判断が可能だからという、極めて合理的なルールで組織が運営されているからである。このしくみの中で官僚は、主査は主査レベルの、課長補佐は課長補佐レベルの、課長は課長レベルの視野と責任範囲で常に自分で判断と意思決定を行って仕事をしているのだ。従って官僚一人一人が状況判断力を持ち、局所局所で最適の判断を行うことによって、機構全体が組織として柔構造を持つことができるのである。

軍隊組織ではこうした現場の判断に任せる範囲は極めて小さい。組織全体が一糸乱れぬ行動を一斉に取る場合は軍隊型でも良いが、変化の激しい環境に対応していくためには、局所局所での最適化判断ができるという組織の柔構造を持つことが最も強靭な組織を可能にするのである。

官僚機構はこのような組織体としては理想的な柔軟性と柔構造を持ちながら、自らに対する侵害や攻撃に対しては鉄の団結で対抗する。そして官僚機構全体が一丸となって、どんなことをしてもそうした動きと勢力を排除するのである。

組織論的テクニックの集積

こうした鉄の結束力を実現させているのは、組織論的には強固な共同体的組織を作る場合に使われる代表的テクニックの集積である。年功序列・終身雇用によって共同体的運営を行い、組織メンバーは新卒一括採用によって安定したピラミッドを維持する。組織に対する帰属のロイヤルティーを担保するためには終身雇用の堅持が有効であるが、その為の天下り先確保は官僚の最も重要な仕事とされており、自己増殖のための仕事と天下り先確保の貢献度合で出世が決まる。大変に整合的で合理的な共同体型ピラミッド組織である。

官僚機構の豆知識的習慣として紹介しておくと、官僚の間での仲間の呼び方にも独特のルールがある。官僚機構の中では先輩に対しては○○さん、同期は互いに呼び捨て、後輩は□□君という呼び方をする。このスタイルは、上下関係が徹底していて年次管理がマネジメントの軸になっている組織ならではの呼称ルールである。今の日本でこの呼称ルールが残っているのは官僚村だけであろうが、こうした独特の呼称文化も固い共同体意識の醸成に有効である。

また組織に背を向けた者、組織内の掟を破った者に対する仕打ちの厳しさ、残酷さも、鉄の結束を誇る集団特有のものである。このあたりは、具体的な形は違うけれども基本的には軍隊と同じである。年次管理によるピラミッドの堅持、服装から言葉遣いまで徹底した組織内プロトコル、軍法会議や暗黙の制裁ルール等、鉄の結束を形成するための常道である。ちなみに、鉄の結束を誇ることをその集団の強さの根拠としている集団け、宗教集団もやくざ組織も皆同じ手法に則って組織制度を設計し、運営している。

一般的テクニックを超えた緻密な仕掛け

先ほど、官僚機構が強力な結束力を実現するために組織論的に極めて優れた設計がなされているという指摘をしたが、一般的テクニックを超えた緻密な仕掛けも織り込まれていて、さすがと唸らされる。

官僚機構の弱点になり得る可能性があるとすれば、完全な縦割り組織であるという点である。縦割り組織では人の交流も利益の共有もないために、いざという時の組織間の結束力が確保されにくい。この弱点を補うために、同じ公務員試験を受けて同じ資格と特権を持った者だけを官僚村に入れることや、入った省庁は別であっても人事制度も報酬制度も全て同一にして、同じ共同体メンバーである意識基盤を持たそうとしている。

しかし入省後三〇年間も四〇年間も縦割りで交流なく働いていると、どうしても省庁間の結束力が弱くなりがちである。それを補うための組織基盤の強力な一元化を実現しているのが、財務省によるヒト・カネ・器の一元的管理である。どういうしくみかと言うと、財務省の同期の課長が総務省と人事院に出向して、官僚機構全体の給与と定員と人事をコントロールしているということである。

本来であれば、組織にまつわるヒト・カネ・器というこれらの三要素をどこか一つの部門が掌握してしまうと権力が強大化し過ぎてしまう。企業の場合であれば、これら三要素を決めることができるのは社長だけで、担当組織は人事と、財務・経理と総務に分かれているのが通常である。官僚機構も企業の場合と同様に、これら三要素を敢えて三省庁に分散化させた設計がされていたのにもかかわらず、財務省の同期の三人組が三つのポジションを占めて、阿吽の呼吸で官僚機構全体の組織基盤をがっちりと固める機能を作り上げたのである。

通常の組織運営ではこのような組織の理念と設計意図を逸脱した人事は認められない。人事を司るために人事院があり、組織定員を司るために総務省がある。にもかかわらず、そうした重要なポジションに別の省の人間を置くというのは、一般的には決して認められるようなことではない。

しかし官僚機構全体として見た時には、組織基盤の要を握る三つのポジションが一元管理されることは組織全体の管理統制機能を強化することになるので、強い組織を作るためには極めて有効である。こうしたテクニックを編み出す官僚の知恵も凄いし、官僚機構の一枚岩化を図る為には要のポジションを他省庁の人間に明け渡すことすら受け入れる省庁の度量も凄い。

以上のように、正攻法の組織論的テクニックの集積の上に組織論的常道を超越した見事な工夫まで盛り込んで作り上げられた「官僚機構の結束力」は、派手には目立たない特長ではあるものの、日本の官僚機構の最強の基盤となっている。

四六五万人の利権と世論の圧力

更にもう一つ官僚機構の組織的強さについて付け加えておくと、官僚機構には強力で巨大な〝石垣〟がある。それは公務員そのものである。日本の公務員は国家公務員が約一一五万人（郵政含む）、地方公務員が約二九〇万人、そして隠れ公務員とも呼ぶべき公益法人等の準公務員が約六〇万人、合計で四六五万人も存在する。この巨大な数の集団はその存在自体が強力なパワーそのものである。公務員法によって身分を守られ、官僚機構の緻密な制度によって統制されたこの巨大な集団は、公務員としては利害共有集団であると同時に、国民としては強力な世論を形成し、選挙権を行使し得るという二面的パワーを持つのである。

他のどの産業よりも数で勝る最大の利害集団の利益を侵害するようなことが生じると、行政を行う公務員集団から一転して選挙権を有する国民集団となり、政治的パワーを発揮する。政治の内側ではベストアンドブライテストの上級官僚が緻密で周到な策を練り、外側からは四六五万人という数の国民が世論と選挙権で圧力をかけるというわが国最強の組織化集団なのである。

(3) ブラックボックス化した特別会計による「莫大な資金力」

次はカネの側面である。官僚機構がやりたいことをやり、自己増殖を遂げていくための資金源として、複雑かつ緻密に作り上げた会計制度が「特別会計」である。ブラックボックス化した「特別会計」は、官僚機構の「莫大な資金源」となっている。

特別会計は〝官僚のサイフ〟

官僚機構がやりたいことを行い、自己増殖を図るためにはカネが必要である。それも何に使うのかも、いつ使うのかも自分達が好きなようにできるカネが大量にあると都合が良い。そのために持っている〝官僚のサイフ〟が特別会計である。

本来、国民から集めたお金を使うためには、何にいくら使うのかを明らかにした上で国会での審議と承認を経なければならない。これでは好きなようには使えない。そこで官僚が活用したのが、国会でほとんどチェックが入らない特別会計である。

一般会計とはどれくらいの税収があって、社会福祉や教育や公共事業にどれくらいを使うのかについて明らかにしたもので、年度毎に一般会計予算として国会で審議される。

一方、特別会計とは、年金とか雇用保険とかのように、通常の税収とは違う形で入って来るお金を、年金とか失業給付といった特定の支出に使われるお金の出入りをまとめたものである。特別会計予算も毎年組まれるが、特定の徴収金を特定の支出に使うのだからという理由で、一般会計予算ほどには厳しいチェックを受けない。官僚は、この一般会計ほどには厳しいチェックを受けないという特徴に着目して、特別会計を自分達が好きなように使える官僚のサイフに仕立て上げているのである。好きなように使うと言っても、居酒屋タクシーのチケット代とか保養所のマッサージチェアとか、そういうレベルの話ではない。一般会計予算の四～五倍もの金額に達する巨大なサイフなのである。

好きなことに、好きなように使える官僚のサイフ「特別会計」の特徴は、巨大、複雑、自由自在という三点である。

一般会計の四～五倍にも及ぶ莫大な金額

まずその金額の巨大さであるが、〇九年度で一般会計予算が八八・五兆円であるのに対して、特別会計予算は三五四・九兆円である。ただし、この数字は様々なお金の重複がある費目を単純に足し合わせただけのものであるので、実際の数字よりも膨張した金額になっている。そうした重複分を省いた歳出ベースの〝純計〟の数字で言うと、一般会計が三七・一兆円、特別会計が一六九・四兆円となり、純計ベースで見ても特別会計は一般会計の四・六倍もの規模だということが分かる。

とにかく巨大な金額である。国家で与党、野党が口角泡を飛ばして承認しろ、承認できないと追求し合い、さんざんヤジり合ってやっと成立させる一般会計を嘲笑うかのようなスケールの〝官僚のサイフ〟なのである。

特別会計、一般会計の総額は純計の2倍以上に膨らんでいる

一般会計と特別会計(2009年度予算)

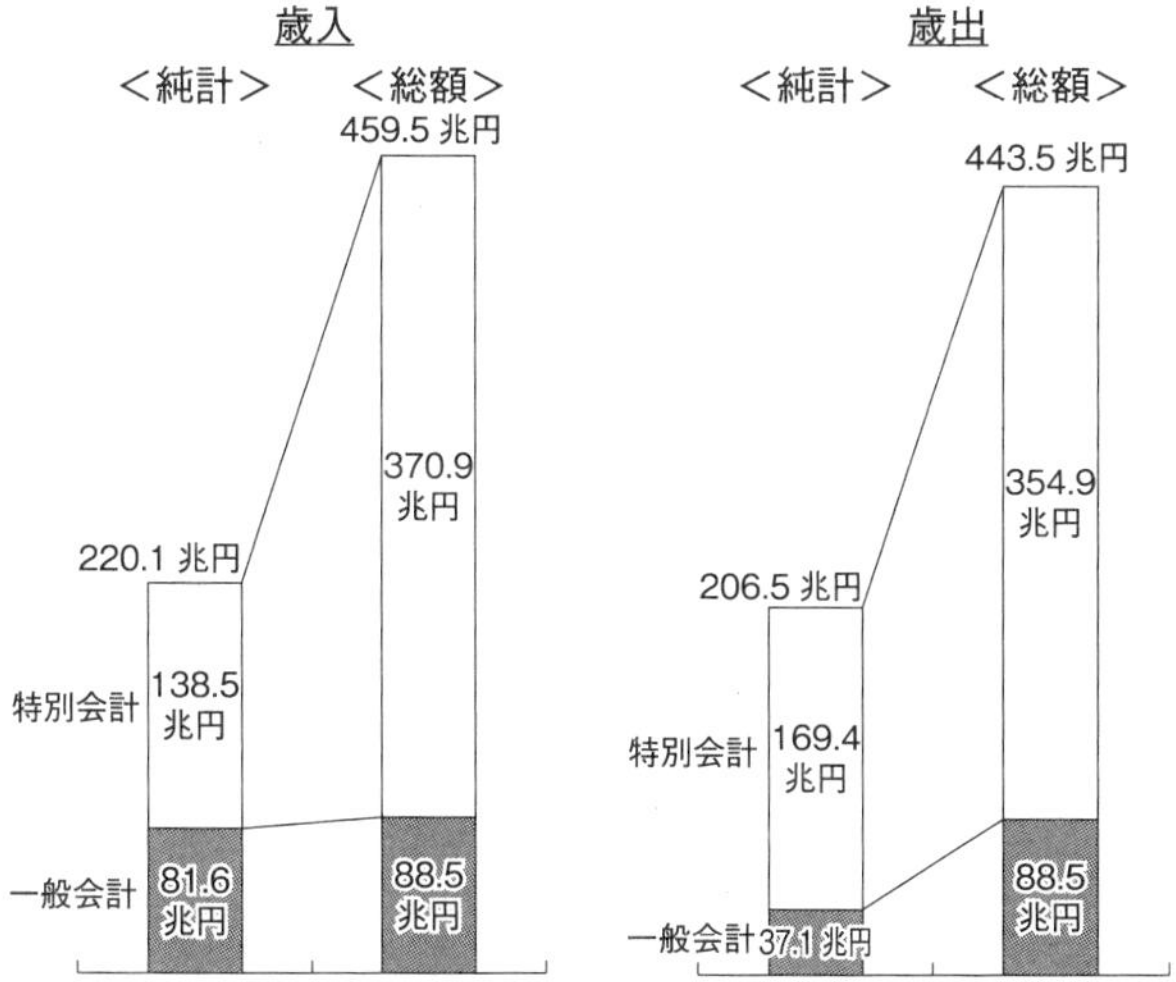

出典：財務省「特別会計のはなし」

会計検査院ですら解明できない

そして特別会計の次の特徴がとにかく複雑なことである。単純合計では三五四・九兆円なのに純計では一六九・四兆円であるということ自体が、複雑な会計操作の証しである。ここまでの説明では特別会計と一くくりにして説明して来たが、国債整理基金特別会計、年金特別会計、財政投融資特別会計、労働保険特別会計、食糧安定供給特別会計……等、整理統合が進んで来た〇九年度すらまだ二一種類もの特別会計が存在しており、

そしてまた食糧安定供給特別会計であれば農業経営基盤強化勘定、農業経営安定勘定、米管理勘定、麦管理勘定、業務勘定、調整勘定というように六つの独立した勘定がある。これらの勘定はお金の入りと出の場所も違うし、運用のルールも違うので、一つ一つの勘定がそれぞれ特別会計のようなものであるが、〇九年時点では二一の特別会計の中に合計五三の勘定がある。

これらの特別会計と各々の勘定がそれぞれにお金の出入りも運用のルールも異なっているだけでも十分に複雑であるのに、特別会計を一層複雑にしているのが、お金を各会計間及び各勘定間で何度もやり取りしていることである。二一の特別会計間、五三の勘定間でお金を分割したり合流させたり、更にまた比率を変えて再分割したりしながらお金を回していくしくみになっている。例えば食糧安定供給特別会計で言えば、六つの勘定からお金が流れ込み、七つの勘定を経て、様々な出先に流れていく。この間、お金が移っていくプロセスで経由する省庁は、農水省、財務省、国交省に及ぶ。

お金の動きも、操作のしくみも、このように極めて複雑なのであるが、そんな複雑なことをしている理由は至ってシンプルである。ブラックボックス化するためである。

国に入って来たお金に対して厳しい予算管理をする優秀な財務官ですら、その流れを的確に捕捉することはできないと匙を投げているほどである。また〇六年に会計検査院が出した、「特別会計の状況に関する会計検査の結果について」によると、資金の流れも、何に使われたのかも、何がどうなっているのかよく分からないという結論であった。お金のチェックに関しては最も優秀で最も厳しい財務官僚と会計検査院のエキスパートですら、何が何だか分からないというほどのブラックボックスに仕立て上げられているのである。

自由自在に使う目的は天下り先の確保

特別会計がやっかいなのは、ブラックボックス化するための複雑怪奇なお金の流れと使途が財政法によって承認されていることである。一般会計予算の勘定、費目に対しては厳格な規定があり、しかも国会の予算審議というオープンなチェックを受ける。しかし特別会計の中に一度流れ込んでしまったお金は、〝異なる定め〟によって好きなルールで動かしても使っていいですよと、財政法がお墨つきを与えてしまっているのである。

現在特別会計から支出されるお金の額は、純計ベースで約一七〇兆円にも上る。官僚機構はこれだけの金額を自分達のサイフとして、財政法のお墨つきの下、「自由自在」に使うことができるのである。

では自由自在に使える金が一七〇兆円も入ったサイフを持って、官僚達は何に使っているのか。官僚機構の本能は、変革を拒むことと自己増殖であると説明したが、このカネの使途は自己増殖及びそれによって肥大化した組織の維持である。

例えば厚労省が管轄する労働保険特別会計は失業者に失業給付を払ったり、労災認定を受けた人に治療費を払ったりするためにあるのだが、それだけでは莫大な金額が余ってしまうので、その余ったお金を使って全国各所に色んな施設を造って来た。「サンプラザ」「スパウザ」「いこいの村」「福祉センター」等の名前がついた施設は労働保険特別会計で造った施設である。その数何と二一〇〇ヶ所以上に及ぶ。同じ厚労省の「年金特別会計」も同様に「グリーンピア」「サンピア」「厚生年金休暇センター」「健康保養センター」などを二八〇ヶ所造った。

何故こんなものをこんなにも多数造ったのかと言うと、国民の健康といこいの充実を願っていたり、リゾート振興の手助けをしたいと思ったから、ではない。自分達官僚の天下り先の確保と自省庁の権益範囲の拡大のためである。官僚及び官僚村の関係者は合計四六五万もいるので天下り先を確保しつつ多数の関係者のための仕事を作るのは大変である。セッセセッセと作らないと間に合わないのである。

ちなみに、特別会計という官僚のサイフの使い方には特徴がある。例えば、先ほど挙げた労働保険特別会計で造った「スパウザ」や「いこいの村」と年金特別会計で造った「グリーンピア」や「厚生年金休暇センター」とは何が違うのかというと、まあ大差のないものである。違いは管轄する省庁の違いだけで、造るものの実体も、造る目的も同じである。

これが特別会計という官僚のサイフの使い方の特徴である。各省庁は自分の所が所管する特別会計を使って、自分の所のための天下り先と自分の組織の増殖につながるモノを作るのである。他省庁のことは関係ないし、何を造ろうが自分の所のサイフで造るのだから他省庁にとやかく言われる筋合いはない、という縦割り行政の特徴が如実に表れたやり方である。だからこそ、金の使い方には口うるさい財務省も口を出せなかったのだし、他省庁にとっては財務省に口を出されないで好きなように使える自分自身のサイフとして重宝するのである。

とにかく、官僚機構は国会のチェックも財務省のチェックも及ばないブラックボックス化した巨額のサイフを握っており、この官僚のサイフによって自己増殖を営々粛々と続けることが可能になっているのである。

(4)メディアの掌握による「プロパガンダ機能」

官僚機構の強さを形成している四つ目のファクターは「メディアの掌握」である。この四つ目の強さの根拠は、これまでに挙げて来た「実質的な政策決定権」、「組織の結束力」、「莫大な資金力」とは性質が異なる。

〝官僚のポチ〟という呼称が意味するもの

これまでに挙げた三つのファクターは政治と行政の世界の中で法律と権限に裏づけられたいわば公的なものであった。これに対して、「メディアの掌握」とは、本来であれば公権力の監視機関であるはずのメディアを、〝官僚のポチ〟として手なづけてしまったことである。その仕掛け自体は先ほど簡単に紹介した「記者クラブ制度」という単純なものであるが、その効力の大きさは実質的政策決定権や巨大なサイフにも勝るとも劣らないほど凄いものである。ちなみに〝官僚のポチ〟という失礼な呼称は筆者の言葉ではない。大手新聞の敏腕記者だった方が自戒と自嘲を込めて自称した言葉である。この表現が官僚機構と日本のマスメディアの関係を言い尽くしている。

官僚が記者クラブ制を通じてメディアをコントロールしている話には本章の前段でも簡単に触れておいたが、ここでもう一度官僚機構による「メディアの掌握」のしくみについて説明しておこう。

日本の新聞やテレビが報じている政治に関するほとんどの情報は、各省庁に設置された記者クラブを通じて取得されている。つまり政治に関する新聞やテレビのニュースはほぼ全て官僚機構がネタ元である。記者クラブにおける省庁からの発表以外ではブラ下がりと呼ばれる政府高官（大臣や与党の有力者）に対する直接取材の話と、関係筋（省庁の官僚）からのリークがあるが、どちらも記者クラブ情報の延長線にあるものであり、意図的で恣意的な発言である場合がほとんどである。

この事実が示すのは、われわれ国民が新聞やテレビを通して知り得る政治に関する情報は官僚行政機構によって管理・コントロールされたものばかりだということである。官僚によってコントロールされているということは、その情報は官僚機構の意図が込められたものであるということであり、つまりは官僚機構の本能である変革の拒否と自己増殖につながる編集がなされたものであるということになる。

もし気骨のある記者がそうした官製情報ばかりを垂れ流すのが嫌になって、つまり官僚のポチになるのを拒否しようとして、官僚機構の意図にそぐわない記事やニュースを流したとしたらどうなるのかというと、その新聞社やテレビ局は記者クラブから排除されてしまうのである。政治と行政に関る全ての情報とデータを握っている官僚機構から情報を得られなくなってしまうことは、毎日大量の記事やニュースを報道しなければならないメディアとしては致命的である。従って記者クラブへの出入り禁止は大手メディアにとって会社の死活にかかわるリスクであり、仮に記者個人としてのジャーナリスト魂が黙っていられなくても、新聞社、テレビ局という会社が黙らせてしまうというしくみになっているのである。

このように官僚機構がメディアを掌握しているしくみは単純なものであるが、メディアを自分達のポチにしたことによって得られるパワーとメリットには計り知れないほど大きなものがある。

官僚機構の思惑をプロパガンダする〝第四の権力〟の不見識

メディアが官僚機構によって都合良く使われる事のインパクトを示す事例を挙げておこう。

その力を示す典型的な例としては、二〇〇九年一二月から二〇一〇年二月上旬までの約二ヶ月間にわたって繰り広げられた小沢一郎民主党幹事長VS.検察庁のバトルが挙げられよう。〇九年暮れ頃より小沢幹事長に対する不正献金疑惑に関する記事とニュースが連日のように新聞・テレビを賑わせた。当然全て検察官僚からのリークである。検察のリークに対する民主党からの抗議に対しても、捜査に対する不当な圧力だとメディアは一層批判的に報道した。

その結果どういうことが起きたかと言うと、民主党政権に対する支持率の急速な低下である。この件に関する報道が始まる前の内閣支持率は六〇%程度であったのに、たった二ヶ月あまりの間に四〇%前後にまで低下してしまった。失われた約二〇%は有権者の数にすると二〇〇〇万人に相当する。結局二月四日に小沢氏の不起訴が決定して、この件に関する一連の大報道は終息したが、民主党政権が一連の報道によって失った二〇%の支持率は回復しなかった。

マニフェストに公務員改革を掲げた民主党の勢いを止めようとしていた検察庁としてはしてやったりであろう。捜査中の事件についての報道は人権にかかわるものであり、厳重に慎まなければならないというのは司法捜査における最も重要な掟である。この司法捜査の重要な掟を破ってまで盛んにリークを行った成果として民主党の支持率は二〇％もダウンしたのである。

では、メディアはどうか。自分達が何をしたのか分かっているのだろうか。

自分達が行ったことは、結局起訴することもできない件に関して、検察側からリークされた捜査途中の情報を流し続け、えん罪かもしれない嫌疑をかけられた一個人を叩きに叩いたことであると分かっているのだろうか。そして、日本の改革と新しい政治に期待していた多くの国民の判断を検察／官僚機構の思惑に添った方向にねじ曲げてしまい、その結果官僚機構改革の勢いを削いでしまったことだと分かっているのだろうか。

もし小沢氏の政治手法や民主党の政策内容に対して批判的意見を持っているのであれば、メディアはそれを報道すれば良いのである。司法捜査に関する当局からのリーク情報をプロパガンダすることは、第四の権力とも言われるメディアとしては、二重の意味での不見識である。

メディアは民主主義社会における立法、行政、司法に次ぐ第四の権力である。三つの権力を監視し、批判的に評価することによって、公的権力が暴走するのを防ぐというのがメディアの社会的使命である。だからこそ民主主義社会においては、〝報道〟あるいは

〝Press〟という腕章を巻いている者は、一般の人では立ち入ることができない政治や行政の中に立ち入ることが権利として認められているのである。

権力に対する監視を行い、批判的な評価を展開するという役割は他の国でも同様であり、そのため政府や大企業といった大きな権力や政治的影響力を持つ者とメディアの関係にはどの国でも緊張感がある。権力者は様々なことを隠そうとし、メディアはそれを暴いて国民に知らせようとする。第四の権力であるメディアは国民の権利と社会正義を守るエージェントなのである。にもかかわらず、わが国のメディアは、官僚機構のプロパガンダを担当するエージェントになってしまっているのだ。

実際、政府の埋蔵金は存在せずといった報道、リーマンショックの影響はハチに刺された程度といった報道、八ッ場ダム建設中止に対して地元の人々は大反対しているといった報道等々、少し時間が経って真実が明るみに出てから眺めると、事実に反したあまりにもお粗末な報道が多い。これらのネタ元は全て官製情報である。逆に言うとこれほどお粗末な情報ですら、官僚がリークしてやると大々的に報じてしまうほどにメディアは官僚機構に掌握されているのである。

こうして第四の権力であるメディアすらも掌握し得たことによって、官僚機構は世論や国民意識までもコントロールする力を得ることになったのだ。自分達がやって来たことを変革すると社会にとって危険であるかのように喧伝し、自分達の自己増殖があたかも国民や社会のためになるかのようにニュースを流して、自分達がやりたい事を世論の論調として仕立て上げるしくみをメディアと二人三脚で作り上げているのである。

三　官僚機構の改革戦略

政治を変えるためには官僚機構を変革する必要がある。しかし、官僚機構は何ものにもましてとにかく強大である。法的な裏づけを持った様々な権力を持ち、明晰な頭脳と高いモチベーションを持ったエリートが鉄の結束を誇り、総計四六五万人もの巨大集団に立脚しており、更にはメディアまでも味方につけている。しかもその官僚機構の最も強い本能が変革の排除と自己増殖なのであるから、これを変革しようとするほど困難なテーマは他にないであろう。

それでは解決案は全く存在しないのかと言うと、答えはある。

官僚機構改革の二つの戦略ポイント

こういう相手と闘うためには何よりもまず戦略的でなければならない。与党だろうが、内閣だろうが、多分国民の選挙結果だろうが、真正面からぶつかって行く全面対決スタイルでは勝負にもならないであろう。これまでの行政改革がそうであったように、骨を抜かれ、首謀者は潰され、逆に焼け太りの結果を招くだけである。

戦略的であるということは、クリティカルポイント（決定的重要点）に絞って集中的に攻め込むことである。戦国時代の合戦であれば、兵の数が何倍も違う時には奇襲をかけて大将の首だけを狙うとか、戦線が拡大した相手であれば兵站を断って孤立させるとかである。流行りの「坂の上の雲」の話で言えば、二〇三高地で白兵戦の突撃を繰り返すのではなく、まず洋上から艦砲射撃を浴びせたようなやり方は見事な戦略である。

では強大な官僚機構に対して戦略的に有効な策とはどのようなものであるのか。

ポイントは二つである。

一つは政治＝官邸／内閣が官僚の人事権を掌握すること。

もう一つは、特別会計を透明化・解消することである。

これまで官僚機構の意向とは明らかに異なる方向の政策を実現できたのは小泉内閣だけであった。小泉内閣がある程度改革を進めることができたのは、この二点で有効な手を打てたからである。官邸のスタッフとして改革派の官僚メンバーを集められたこと、特別会計の本丸である郵政と道路公団をイシューに絞ったことである。しかも解散総選挙での圧勝と明快なメッセージ発信によって絶大な国民の支持を獲得していたので、メディアを使ったアンチ小泉改革のプロパガンダが十分に機能しなかった。

しかしその小泉改革の成果も小泉氏退陣の後たった三～四年で退行させられつつある。大不況への対応を理由に「〇六骨太方針」の柱であった財政規律のタガが外され、途中まで進んでいた公務員制度改革は押し戻された格好である。メディアの方も今や小泉政策批判の論調一色である。

そして志高く政権の座に就いた民主党も、マニフェストに掲げていた天下りの全面禁止や、国家戦略局と行政刷新会議による政治主導体制の確立といった改革の目玉は、既にうやむやにされつつある。事業仕分けのパフォーマンスと子供手当てで花を持たせてもらっている間に、すっかり支持率を落としてしまった。民主党政権が提示したヴィジョンと政策は意欲的かつ真っ当なものであったが、それを実行するための体制としくみが戦略的でなかったためである。

以下、政治を変えていく上でまず必要になる官僚機構の改革の二つのポイントについて説明していく。

①人事権の掌握

まず官僚機構の改革を目指す上では全面対決を避けてクリティカルポイントを衝くべしと述べたが、その核心となる戦略が「人事権の掌握」である。より正確に言うと、官僚機構の全面改定を目指したり、様々な法的権限をはく奪しようとするのではなく、まずは人事権の掌握だけを狙うべしということである。

官僚機構は縷々説明して来たように素晴らしく良く出来た組織である。政治主導というのは、政治家が良く出来た官僚機構を思い通りに使いこなすことができればベストなのだから、官僚機構を解体しようとするのはその意味でもベストなアプローチではない。また全面制圧しようとすると、アメリカですらベトナムに勝てない。ましてや官僚機構は行政の現場を握っているのであるから、国民の生活と企業活動が人質にとられているのと同じであり、改革派に勝ち目はない。

前述したように、そもそも官僚主導制の政治になってしまった最大の要因は、官僚が大臣の言うことに従わなくなったことにある。組織の成員が誰の言うことに従うかというと、自分のポジションと処遇を決める人である。このしくみを回復することが政治主導を実現するためのクリティカルポイントなのである。

具体的には、官僚の仕事と能力の評価を政治家が行い、政治家による評価と判断によって官僚の昇進や配属や処遇が決められるようにすることである。人事権を持つことは上司が部下をコントロールするための最も基本的かつ有効な手段であり、逆に言うと、組織において人事権と評価権無くして人をコントロールすることはまず無理である。

ただし、そもそも官僚の人事権は法的には大臣の職務権限であるにもかかわらず、それが実現していないというところが、かえってやっかいな点である。いくら本来の姿だとは言っても実現していないものをひっくり返すためには適当なきっかけと根拠が必要である。そのためには、政務三役に官僚の評価権と異動・配属権を与えることを明記した新しい法律と、官僚に対する評価制度を新しく制定することが必要であろう。それに合わせて公務員法の改定も必要になるであろう。またそのような作業を一括で行う機関として、〝内閣人事局〟のような組織の設置ももちろん有効である。

ただし、心しておかなければならないことは、人事権を定める法律や評価制度を作る作業は官僚に任せるのではなく、政治家が自らやるべきである。そうでないと官僚に骨が抜かれてしまうのは目に見えている。内閣人事局にしても、トップの局長だけでなく現場の実務を取り仕切る主要なポジションには政治家が就くべきである。政治家の仕事や権限が官僚に侵蝕されていってついには乗っ取られてしまった要因は、面倒なことを官僚に任せてしまったところから発したことを忘れてはならない。

いずれにせよ行政機関のトップは大臣であり、議会制民主主義、議員内閣制の下では国会議員が官僚の人事権を握るのは原理的な正当性を持つ、極めて正しい姿である。この正当性を足場にして、人事権の掌握に的を絞って全力で実現すべきである。

②特別会計の解消

官僚機構の改革を目指す上で決して忘れてはならないのが、官僚の人事権の掌握や人事制度の改革と同時に、特別会計の問題の解決をセットで行わなければならないという点である。

前節で解説したように、現行の官僚機構が好きなことを好きなようにやっていられるのは、ヒトや組織の強さとカネの面での強さが両輪としてうまく回っているからである。組織体制は完璧なシステムとも思えるほどに緻密かつ強大であり、資金源である特別会計も巨額でブラックボックス化されている。どちらか片方だけでも政治を支配できるほどに強力なものである。故に、片方にだけ多少メスを入れることができたとしても、もう一方が手つかずで残存していると必ず復元力が働いて、せっかくメスが入ったところも時をおかずして修復されてしまう。

従って、先に指摘した政治家が官僚の人事権を掌握することと同時に、特別会計のブラックボックスを透明化し、一般会計と整合させた形で国会の予算審議の光を当てられるようにしなければならない。

予算規模を二〇七兆円としたスコープは正しかった

この点については一つ残念なことがある。昨年の総選挙の際の民主党のマニフェストでは、国家予算を二〇七兆円と捉えたスコープの中で財政政策や福祉政策が語られていた。二〇七兆円という金額は純計ベースでの一般会計予算と特別会計予算を合わせた数字である。これは誠に正しい方針であったのに、政権の座に就いた途端に予算の規模を八〇兆円だ九〇兆円だと言うようになってしまった。つまり民主党は旧来の予算編成のしくみとやり方にすっかり乗っかってしまったのである。

これでは大きな政策転換は不可能である。今までと同じやり方で予算編成をしていては、一兆円とか二兆円のお金が足りるとか足りないとかの話に引きずり込まれてしまい、手厚い福祉の導入も、巨額の無駄の洗い出しも出来ない。案の定、目玉政策の一つであった子供手当ても半額しか導入できないし、目標三兆円と意気込んで始めた事業仕分けも七〇〇〇億円足らずまでしか手が届かなかった。

予算制度を一般会計予算と特別会計予算に分割し、財政的にはほとんど自由度のない一般会計予算だけを国会のチェックに回しておいて、様々な小細工や企みは全て複雑怪奇な特別会計の方に放り込んであるからこそ、改革や削減のネタが見えないのである。「母屋ではおかゆをすすっているのに、離れではすき焼きを食べておる」という塩川正十郎元財務大臣が開いた貴重な改革の道を、民主党がはなから踏み外してしまったのは非常に残念である。

国債整理特会にしても、年金特会にしても、その他の特会も、存在意義が全く無いわけではない。一般会計とは多少違ったルールで扱う方が良い基金や積立金もある。ただし問題の本質は、それら特会の様々な勘定に出入りするお金が分流、合流、環流を繰り返しながら、会計検査院ですら何が何だか分からないと言うほどに正体不明にされていることである。特別会計の問題を解決するためには、とにかくこうした正体不明のお金の流れを〝透明化〟することである。

二つの予算制度を統合する

有効だと思われるアプローチは、特別会計に流れ込んだお金の総額と最終的に国民に支払われたお金の総額とを突き合わせて、まずその差額を正確に捕捉し、その差額分を政府資金として政治家の管轄下に置くことである。また分流、合流、環流を原則として無くすことも必要である。分流、合流、還流の目くらましを封じない限り、仮に特別会計のお金の流れが詳細に提示されたとしてもきちんと読み解くことは困難を極めるからである。そして、お金の扱いのルールを一般会計予算と整合させて〝統合会計予算〟の制度を作り上げることを目指すべきである。現在ではお金の扱い方の性質の違いを重大視して一般会計、特別会計に分けて処理し、予算も別扱いにしているが、多少の違いは何とか調整して統合会計予算として編成することは十分可能である。例えばアメリカを筆頭に、他の先進国ではこのような統合予算制度が採用、実現されており、決して不可能なことではない。

「すき焼きを食べておる」発言を一の矢として始まった特別会計問題への対応は、以前は使われているお金の総額も明らかにされていなかったのが、今では純計額が分かるようになった。今後さらにこの特別会計を解明・解消していくための二の矢として「わが国の予算は二〇七兆円」という統合会計予算の考え方は的を射た着手点である。官僚による官僚のための官僚政治を改革するためには、官僚政治の資金循環の心臓である特別会計制度の改革は必須のテーマなのだ。

ガラス張りになれば、一〇兆円がういて来る

特別会計の透明化と解消ができれば、これからわれわれが新しい国家ヴィジョンを目指していく上で二つの意味において大きな効果を得ることができる。

まず第一に、特別会計の問題を解決することによって、まずブラックボックスがガラス張り化されて貴重な国民財産の取り扱いが正確に捕捉できるようになるという効果がある。これは国民主権国家として当然の財政民主主義の基本である。そして、国民財産の取り扱いが正確に捕捉されて国会でのチェックが入れば不用・非効率な事業のストップや縮小が可能になる。つまり、財政民主主義を回復することによって、合理的、効率的なお金の使い方ができるようになるのである。

そしてもう一つの効果が、不用な事業の廃止や不急の資金の積み立てを止めることによる余剰資金の捻出である。〝埋蔵金〟の掘り起こしという表現で特別会計の無駄や不明瞭

な金を試算した結果は色々と出されているが、自民党の元政調会長が発表したものや民主党のタスクフォースが指摘した結果でいうと、ストックで見て五〇兆円〜九六兆円くらい、フローでも毎年一〇兆円以上は見込むことができるというのが改革サイドのコンセンサスになっている。限られたデータの中で筆者が試算したところでも、フローベースで毎年一六兆円程度は期待できそうである。いずれにせよ、「埋蔵金は余ったお金を貯めておいたものなので一度使ってしまったらそれで終わり」というロジックは明らかに正しくない。最大の試算で九六兆円も貯まってしまうというのは毎年継続的に多額の余剰が発生しているということである。

そして、色々な試算のうちの最少額である毎年一〇兆円という金額だけでも特別会計のブラックボックスから引き上げることができれば、子供手当てを満額支給した上に、現行の医療費の窓口負担分を全額賄えることになる。増税なしで子供手当てが支給され、医療費の窓口負担が無料化できれば、これから始まる本格的な成熟化高齢化を迎える上で、国民はずい分と明るい気持ちになれるであろう。

I章、II章で述べて来たように、国民全員が新しい社会作りに前向きに取り組んでいくためには、まず何よりも国家と政治に対する信頼が不可欠である。国家に対する信頼があってこそ、国民は増税や新しい負担を引き受ける気持ちになれるのだし、新しい社会ステージへの変革を受け入れることもできるのである。

そのためには国民の意志を体した政治家がきちんと行政をリードすること。そして貴重なお金の扱いを透明化して何がどう使われているのかを国民に見えるようにすること。この二点だけはどうしても不可欠なのである。

メディアへの期待

日本の政治を変えるためには、三権分立を超越したポジションにある官僚機構を本来あるべきポジションに戻し、本来あるべき役割を果たしてもらうようにすることが必要である。そのためには、政治家による人事権の掌握と特別会計制度の解消のセットが戦略的に外せないクリティカルポイントであるということを説明した。しかし、この戦略の遂行には援護射撃としてのメディアの支援が不可欠である。

ベルリンの壁崩壊の立役者は衛星放送

大きく政治が変わる時には、メディアは重要な立役者である。

その典型的な歴史的事実は、東西冷戦構造崩壊のきっかけとなった八九年のベルリンの壁の打ち壊しである。鉄のカーテンの象徴であったベルリンの壁の打ち壊しに東独の市民を駆り立てたのは、衛星放送が流していた西側諸国の豊かで幸せそうな日常生活の映像であった。また逆に、北朝鮮が国内に向けて流している報道を見ると、国家権力に管理された報道がいかに真実を歪め社会をミスリードするのかがよく分かる。いずれにしても、メディアは社会をリードする大きな力を有しているのである。

日本のメディアは部数は多いが、内容は横並び

わが国のメディアは、例えば発行部数の多さも、ニュースソースとしての役割も、他国と比べて圧倒的に大きい。例えば、一〇〇〇人当りの新聞発行部数でみると、日本が五五一部で圧倒的に世界で一位であり、二位のイギリスの二九〇部と比べても二倍近い多さである。また個別の新聞の発行部数で見てみても、読売新聞が約一〇〇〇万部、朝日新聞が約八〇〇万部、経済紙の日経新聞でも約三〇〇万部の発行部数を持っている。これに対して、ウォールストリートジャーナル約二〇〇万部、ニューヨークタイムズ約一〇〇万部、タイムズ約七〇万部と、日本の有力紙と比べるとずい分少ない。

日本の新聞の発行部数は、人口対比で圧倒的に世界一位

新聞発行部数(1000人当り)

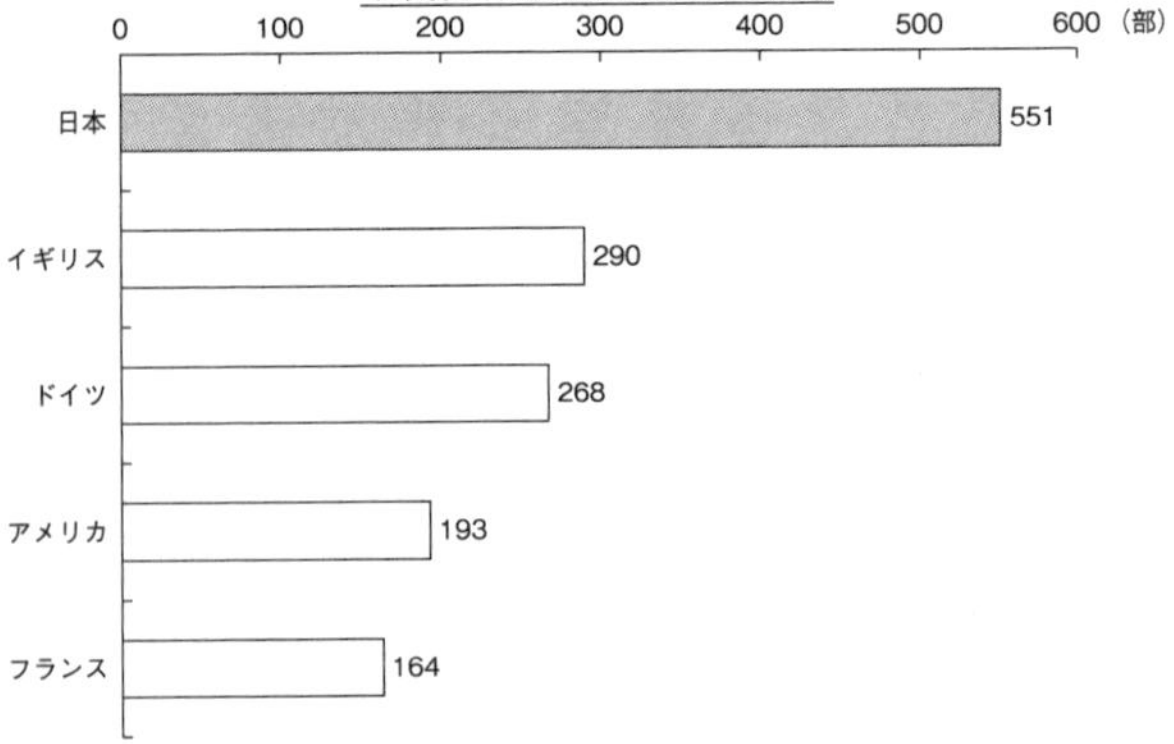

日本では、新聞はニュースソースとしての存在感も大きい

「何からニュースを得ているか」という問いに「新聞」と答えた人の割合

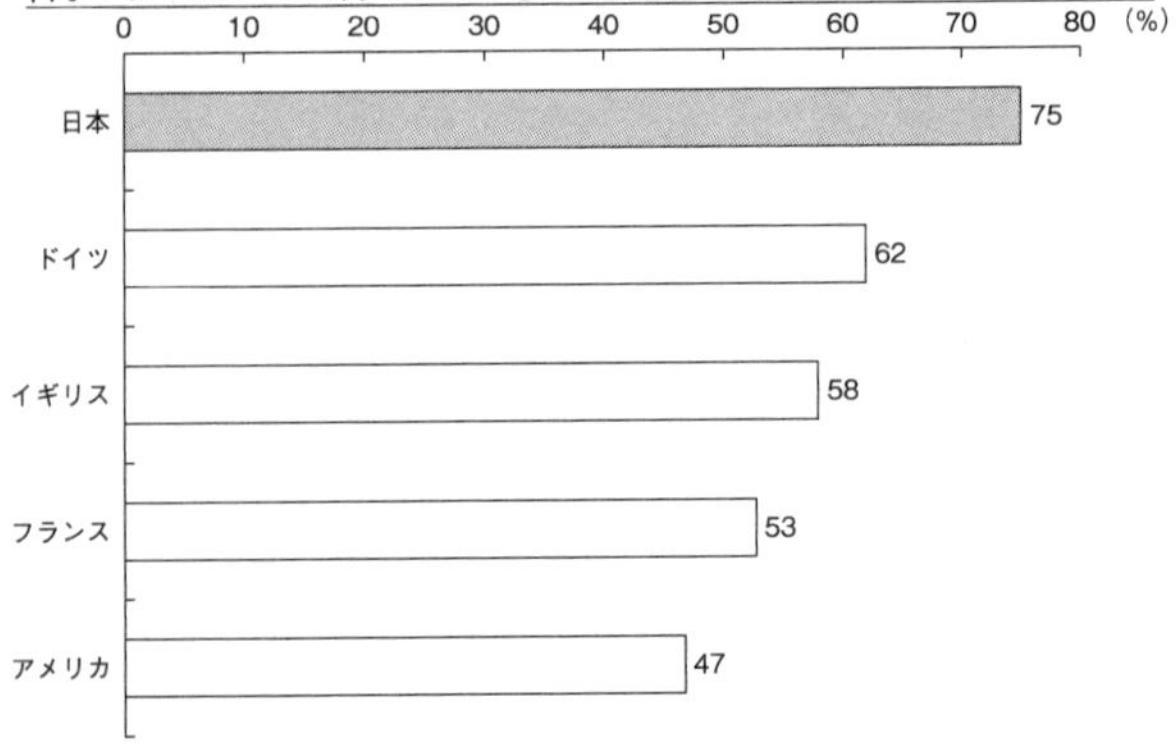

出典：世界の統計 2009（上）
「What the World Thinks in 2007」（The Pew Global Attitudes Project）（下）

しかも部数の多さだけではない。「あなたは何からニュースを得ているか」という問いに「新聞」と答えた人の割合は、ドイツ六二％、イギリス五八％、フランス五三％、アメリカ四七％であるのに対して、日本は七五％とニュースソースとしての存在感でも大きく上回っている。また、もう一方のマスメディアであるテレビも新聞以上に視聴者数と影響力を持っているのは実感として間違いないだろう。

こうした事実をみても分かるように、日本のメディアが持つ社会的影響力、世論形成力は極めて大きい。先ほど挙げた小沢氏VS.検察の一件に関しても、あれほどの人気の高かった内閣の支持率をたった二ヶ月で二〇％も低下させてしまうだけの力を持っているのである。これほどの影響力を有しているからこそ、官僚機構が目をつけ、周到にあの手この手で傀儡機関化を目論んだのだと考えられよう。

ところで、わが国のマスメディアは民主主義国家のメディアとしては明らかに不自然な点があることには、国民もメディア自身も気がついているはずである。政党や政策に対する各紙、各局の評価やコメントがあまりにも差がないこと。ニュース構成の内容にも差がないこと。本来百家争鳴状態になってしかるべきメディアがこんなに統一されてしまっているのは、明らかに何らかの管理と誘導の結果であろうことは、皆気がついているはずである。

小沢氏VS.検察の件以外で不自然なことと言えば、小泉政治に対する評価とコメントが国内メディアと海外メディアで全く違っていたことが挙げられよう。厳しい財政規律と規制緩和の方針を打ち出した時、それを実行して成果が出た時、また小泉氏退陣後に小泉路線が退行していった時の評価とコメントが、国内メディアと海外メディアで一八〇度違っていた。

海外メディアにおける小泉政策はほぼ全てがポジティヴであったのに対して、国内メディアではネガティヴなものが大半であった。また小泉政策を支持したり、小泉政策の退行を懸念したりするコメントが海外の要人から発せられることも多かったにもかかわらず、日本のメディアでは全く紹介されないのも不思議であった。そうした小泉政策に対する賞讃や肯定論への反論することすらなく、小泉政策を高く評価する声がまるで存在しないかのように無視、黙殺を決め込んでいた。

メディアのジャーナリスト魂に期待するのみ

メディアの方々はこうした実態をどう考え、どう感じているのだろうかと気になっている。筆者の知るメディアの方々は正義感が強く、反権力志向で、まさにジャーナリスト魂を以て仕事に臨んでいる人が多い。そういう方々は、ニューヨークタイムズ紙が小沢氏の秘書の逮捕事件に関する記事で「日本のメディアは国家権力と親密であり過ぎる……」と偏向報道の批判をしていることに対してどう感じているのだろうか。また小沢氏献金疑惑事件についてリーク情報以外の記事を掲載した新聞社の記者が記者クラブから出入り禁止にされたことに対してどう考えているのだろうか。そもそもメディアを差別的に扱い、思い通りの記事を書かない記者に対して出入り禁止を申し渡すような権力者とどうつき合うべきだと思っているのだろうか。

歪曲された八ッ場ダム報道や偏向した小沢氏VS.検察報道を、自力の取材と自身の判断に基づいて真っ向から反論し、別の姿を国民に見せてくれたのは、どちらも記者クラブに呼んでもらえない週刊誌であった。大手マスメディアの方々は、こういう自力の取材と自分自身の判断で記事を書いている弱小メディアに対してどう考えているのだろうか。「よし、これからは一緒にやろう。」とするのか、「目障りな。」と思うのか。

日本のマスメディアは、国民に対する浸透度も影響力の大きさも世界有数である。そのメディアが、これから民主主義的福祉国家を目指していく上で世の中にエールを送ってくれるのと、そうでないのとでは、実現できる国家ヴィジョンの内容もスピードも全く違ったものになる。国家ヴィジョンを掛け替えることは国民にとっても大仕事であり、その必要性を正しく理解したり、新しいヴィジョンについて納得したり、負担や分配論を受け入れたりと、有力マスメディアでなければなし得ないような課題がたくさんある。ぜひ国民が進むべき道を誤らないよう時代と社会を照らす役割を担って欲しい。

もちろんメディアは百家争鳴が本来の姿である。高福祉高負担の社会を必ずしも支持する必要もないし、中には官僚機構の別動隊を自ら任ずる紙誌が出てきてもそれはそれで自然なことかもしれない。

しかし全メディア総動員で〝官僚のポチ〟であることだけは早く止めて欲しい。

記者クラブ制による情報統制を解消する手立てにしても官僚のお取り計らいによって解決策を頂戴する形ではなく、メディアの方々の意志と行動によって官僚機構とメディアの関係を主体的に変えていくべきであろう。メディアの方々の見識とジャーナリスト魂に期待するところである。

ちなみに、先ほど日本の新聞は同じような紙面ばかりであり、テレビは同じようなニュースばかりであると述べたが、日本以上にその傾向が高い国家もないわけではない。インターネットすら総検閲している中国や党の機関紙と国営放送しかない北朝鮮のような国家である。

四　国民が変わらなければならないこと

ここまで「国民の誰もが、医・食・住を保障される国づくり」をするために必要な政策と政治のしくみからメディアに期待することまで様々に説明して来たが、成熟社会に向けての新しいヴィジョンを実現するためには、当然のことであるが国民の意識も変えていかなければならない。

ヴィジョンを実現するためには戦略が必要で、戦略を実行するためには適切な組織と制度が整えられていなければならないと説明したが、その組織と制度は掲げられたヴィジョンを希求する意志と価値観によって支えられなければならない。つまり掲げられた国家ヴィジョンが国民の価値観や精神風土と合致していなければ戦略も組織も土台から崩壊してしまうのである。これがヴィジョン―戦略―組織―精神風土の総体的な関係である。

「日本は世界で最も弱者に厳しい国」というアンケート結果

ところで、筆者は本書を書くために様々なデータを集めて参考にさせて頂いたのだが、その中で一つ驚くべき調査があった。The Pew Global Attitudes Project「What the World Thinks in 二〇〇七」というものである。その調査では「自力で生きていけない人達を国や政府が助けるべきだ」という考え方に対して「そうは思わない」と答えた人の割合が日本では三八%にも達していた。個人の自由を何よりも尊重する代わりに、金持ちになるのも一生貧乏なのも自己責任であるとするアメリカですら「そうは思わない」とする人の割合は二八%。先進国といわれるそれ以外の国々は、イギリス八%、フランス八%、ドイツ七%と、どの国も一〇%未満である。また中国やインドといった発展途上国でも、それぞれ九%、八%となっており、先進国の数字と同様に一〇%未満である。つまり日本は世界で最も弱者に厳しい国だと言うことになる。

この調査結果には、正直驚かされた。

狩猟民族型の文化背景を持つ欧米人に対して、農耕民族型の文化や精神風土を持つ日本人は調和を重んじて社会を形成する指向が強いと言われている。調和型社会では互助と共生のルールによって集団の脱落者をなくすことと、規律を共有することが集団全体の生産性を向上させる。従って個人の自由は抑制される傾向があるものの、弱者、脱落者を出さないような価値観が根づいているのが通常である。従って、日本が弱者に対して最も厳しいという調査結果は心底意外であった。

ところで社会文化や精神風土を形作るものとして、日本人が農耕民族であるということ以外には、日本が島国であるということがある。そして、農耕文化と島国文化に共通するのが、共同体メンバーの間では互助と協調関係が強い一方で、他所者、はぐれ者に対しては排他的であるという点である。ということは、今の日本人にとって〝自力で生きていけない人達〟は他所者であり、共同体メンバーとしての資格要件を満たしていない人々と見なしているということになる。

「働かざる者、食うべからず」か?

「働かざる者、食うべからず」という言葉があるが、社会の生産力が低く、かつ共同体メンバーが全員で協力して働かなければ田んぼ仕事ができなかった時代には、実質的にも文化的にも有効な格言である。しかし社会の生産力がこれほど高まった現在は、良く働く者が上手く働けない者を食わせてやることは十分に可能である。近年不況とは言え今の日本は、食うや食わずの経済水準ではない。一人当りGDPは三・八万ドルである。もしGDPの半分を誰かにあげてしまったとしても、一人当りGDPは一・九万ドルで韓国やポルトガルと同水準である。従って人を助けることで自分が食えなくなる心配は全くない状態である。

にもかかわらず、「自力で生きていけない人達を国や政府が助けること」に賛成しない人が世界中で一番多いというのは少々ショックである。しかも、この設問は〝働かざる者〟だけでなく〝働けざる者〟も含んでいることは回答者にも伝わっているはずである。その上で〝助けるべきではない〟と国民の多くの人が考えていることは、これからの日本の国家ヴィジョンとして提起した「国民全員が不安なく生活していける社会」を目指していく上で大きな障害になってしまう。

このヴィジョンの核心部分を平たく言うと、「自力で生きていけない人達を、余裕のある人達で支えてあげましょう」ということである。そのためには、余裕のある人から貧しい人への所得移転が政府の最大の仕事になるのであり、国家の経済資源を福祉充実型の産業構造に振り向けて行くことが必要であるという説明を展開して来たのである。貧しい人達は放っておいて、金持ちがもっと金持ちになるための社会を目指すのであれば、政府の仕事も経済政策も全然別物になる。もし、貧しい者を助けるのは望まないという人が本当に多数を占める民族であるならば、本書が提示したヴィジョンも政策も政治のしくみも、全て戯言にしか聞いてもらえないということになる。

しかし、私は決してそのようなことはないと、このショッキングな調査結果を見た後も信じている。「働かざる者、食うべからず」は他人に対する言葉ではなくて、われわれ日本人は自分自身に対する戒めの言葉として心に刻んでいるのだと解釈したい。

現在ですら平均年収の半分にも満たない所得層（相対的貧困）が一四・九％も存在し、相対的貧困率が先進国中最も高いという現実がある。これから低成長経済の中で高齢化が加速化していくと、〝自力では生活できない人〟が増加していく可能性が高い。日本人とはそういう時に見て見ぬフリができる国民だとは到底思えない。政府は何をしているのだ。何のためにわれわれ国民は政府に税金を支払っていると思っているのだ。不用な空港を造ったり、官僚の天下り用の保養施設を建てたりする金があったら、困っている人の生活費に当てろ！　と声を上げる国民であって欲しいし、そうであると信じている。そういう考えと価値観を国民が持つことが、これからのヴィジョンを土台から支えることになるのだ。

かつて共産主義体制がうまくいかなかった理由

ところで、何年も前のことになるのだが、経済学者や社会学者達と「何故共産主義体制が上手くいかなかったのか」という議論をしたことがある。共産主義体制をとっていた国はソ連や中国を筆頭に、東欧諸国、キューバ、ベトナム、北朝鮮と数多く、資本主義体制のアメリカ、西欧、日本等と国の数でも人口の大きさでも拮抗するくらいの勢力であった。この歴史的事実は共産主義的な考え方に対する賛同者が人類の中に約半数もの割合で存在するということを示している。つまり人間が作り上げるべき社会のしくみとして、共産主義的な考え方は十分に正当な側面もあると考えられるのである。

なのに、何故ほとんどの共産主義国で国民が安心して幸せに暮らせる共産主義社会を作り上げることができなかったのか、という原因についてあれこれ話し合ってみたのだ。意見が収斂したのは次の二点である。

人間は天使ではないからということと、貧しかったからということである。

前者は、共産主義国家の政治は共産党による一党独裁であり、政治も行政も特権的な地位を持つ共産党の党員が行う。特権的地位に就いた人間は〝天使ではない〟ために、人民のための政治ではなく自分が得する政治、自分が出世する政治を行ってしまう。その結果本来の共産主義が理想とする互助と共生の社会からどんどん離れていって、利権と腐敗に満ちた社会に堕してしまったというものである。

そして後者の理由は、食えるかどうかが国民的イシューである生産段階においては、まず国民全員が食えるようになることを望むために、格差がつき易い資本主義社会よりも平等に食えることが保証される共産主義はうまく機能する。しかし国民全員が食えるかどうかの心配がなくなってくる段階に入ると、人間はより多くを求めるようになる。より多くを求めるような段階になると、人々の価値観は多様化し自由を求めるようになるので、一元的価値観を守ろうとする共産主義体制では人々を抑圧する対応をとる。その結果、国民と政府の対立が起こり、ついには体制の崩壊に至るという解釈である。つまり共産主義を採用したのが、まだとても〝貧しかった〟段階であったので、その後に続く豊かになっていくプロセスで共産主義の理想としくみが崩壊してしまったということである。

ちなみに、その豊かになっていくプロセスで発生するリスクを絶妙なタイミングでかわし、社会主義的市場経済という見事なネーミングで新たな発展ルートにコース変更したのが中国の鄧小平であった。偉大な決断である。

人間が天使であるかどうかの議論はさておくにして、貧しかったからこそ共産主義を選択し、貧しくなくなって来ると共産主義は崩壊するという見立てには一理あると思う。ということは、十分に豊かになった社会で、しかも成熟化した社会であれば共産主義はうまくいくのかもしれないという仮説がその時のコンセンサスとして成立した。

ガツガツやっても多くの追加が望めない成熟社会であれば、余剰分を弱者に回してあげる気持ちの余裕もできるであろうし、自分に経済的余裕と気持ちの余裕があれば、食えない人を見殺しにするよりも救ってあげた方が平安な心持ちでいられるであろうからである。つまり、十分に豊かな社会の中では人間は少しだけ天使に近づいて共産主義的社会を作れるのではないかと考えるのである。

今回本書が提示したヴィジョンや分配論中心の経済政策は、こういう考え方に近いものである。

もともと日本人は農耕型文化をベースにした互助と共生の精神風土にあり、「働かざる者、食うべからず」という勤勉精神もある。この格言は高福祉高負担型社会の最大のリスクである「福祉にぶら下がって生きる方が得」というモラルハザードに対する有効な抑止力になるものである。ならば、今こそ日本社会は国民が互助と共生の精神を持って、全ての人が安心して生活することができる理想的社会を目指していくことができるはずである。

主権者としての責任意識と報酬

互助と共生の価値観に加えて、もう一つ国民に望みたいことがある。国民こそが主権者であり、主権者であるからこそ自らが能動的に社会を形作っていかなければならないという意識を持つことである。

自分は幸せであると答えた人の割合が世界で最も多かったデンマークをはじめとする北欧諸国の社会モデルが、世界一の国民負担率でありながらうまくいっている大きな理由はここにある。国民の一人一人が社会作りに対する責任意識を持って、政治のしくみや政府の仕事について考え、税金の使い方に目を光らせて、きちんと声を上げるという姿勢である。政治と社会は国民一人一人の意志と行動で作り上げるものである。この民主主義社会の大原則を、これからは今まで以上に意識して社会作りをしていく必要がある。

地方自治体の話であるが、夕張市と杉並区の例は対照的で、示唆に富んでいる。

夕張市の方々には大変恐縮であるが、お上からの宛てがい扶持の金と政策でずるずると放漫行政を続けてしまった結果が、財政破綻である。財政破綻をきたした後の夕張市では、巨額の公費で造った施設を次々閉鎖するばかりか、町の公衆トイレすらも閉鎖したり、市庁舎の電灯を外したりしなければならないほどの倹約を強いられている。当然町の商店街も活気は乏しい。

一方杉並区では区長のヴィジョンの下、区民と行政が話し合って不用な行政サービスを止めたり区民ボランティアが肩代わりしたりして、大幅に行政コストを省くことに成功した。その結果、何と九〇〇億円以上もあった区の負債を一二年間で完済することができ、四八〇〇人いた区の職員を一〇年で一〇〇〇人減らして三八〇〇人にすることができた。しかもこれだけの効率化を行っても区のサービスに満足している人の割合は七五％にも達している。

もちろん区長の掲げたヴィジョンの的確さと強いリーダーシップが成功の大きな要因であったのは間違いないが、そういう人物を区長に選んだ区民の判断や、区民自身も行政任せにするのではなく話し合いに参加し、場合によってはお金や役務の負担も引き受け、しかも行政のコストとサービスに目を光らせる姿勢があってこその成功である。

このしくみは基本的には北欧モデルに近い。成熟化フェーズにおける社会モデルは住民の政治、行政への参画意識の高さが成功の原動力となる。

成長フェーズの社会では、国民は仕事に勤しんでいれば〝経済成長が全てを解決〟してくれた。一生懸命働いていれば、所得は増え、町は便利になり、貧しい人も減っていった。政治のことは政治家や行政に任せていれば良かった。しかし成熟フェーズになっても同じことをやっていては、これと逆のことが起きる。所得は減り、町はシャッターと空家が目立って活気を失い、貧しい人が増えていく。お上からの宛てがい扶持の政治に身を委ねていては、どうしてもそうならざるを得ない。

国民全員が安心して生活していける社会を実現するためには、政治を変え、政策を変えていかなければならないが、それは国民の仕事であることを忘れてはならない。

政治を変え、政策を変え、一人一人が社会作りを自ら行うという国民の仕事には、大変な決意と行動力が必要である。しかし、国民がその大変な仕事を成し遂げることができたら、国民はその報酬として経済成長以上の貴重なものを得ることができる。国民の誰もが「自分は幸せだと思う」と答えられる生活と社会である。

あとがき

本書は私にとって二冊目の社会論である。

一冊目は一九九一年の「新幸福論——国富から個富へ」というタイトルで、市場主義的リベラリズムに立って書いたものである。その後も、私はずっと市場主義者の立場に立って経済や企業活動を論じて来た。リバタリアンというほど原理主義的ではないが、資源配分や産業政策は国に任せるよりは市場に委ねた方が少しは間違いが少いだろうという程度のポジションである。

しかし四〜五年前あたりから、頭で考える経済政策と実感として気持ちが向いてしまう経済政策がズレて来るようになった。具体的に言うと、市場主義的経済政策を強力に推進したとしても、世の中はハッピーにならないのではないかと思うようになって来たのである。リーマンショックの原因になった数学ベースの金融ゲームに対する批判とかではない。あんなものは子供だましの幻想ビジネスだと判っていたので、LTCMの破綻の時にとっくに卒業している。そういうレベルでの単純な話ではなく、もう少し深いところでの違和感である。

生活の安心感だとか、豊かな社会の意味だとかいった人間が幸せになるための抽象度の高いテーマと、経済価値やお金や労働といった経済学の基本ファクターとをすり合わせて考えた時に、自分の中での〝正しいこと〟が明らかに変わって来たのだろう。例えば、一人当り所得が全く同じ二つの社会で、所得の分散のあり様も同じであれば、二つの社会は同じように豊かな社会だと言ってしまうのが経済学である。しかしその社会の中で、人々の仲が良いとか悪いとか、善意や教養といったものに対する敬意があるとかないとか、そういう点において差があったとしたならば、同じように豊かだとしてしまうのはあまりにも乱暴すぎると感じるようになっていた。

非経済的価値は経済学の対象とは別物ですといって済ませてしまえるほど、そうした問題を軽々に扱ってしまうことができない社会が確実に到来しつつあった。得られる所得が少なくても社会貢献に繋がる仕事に就くとか、昇進や昇給よりも家庭生活やボランティア活動を優先するといった、経済合理性とは違う判断基準で仕事やライフスタイルを選択する人達が実際に増えて来ていた。今だにどっちが儲かるかだけで動いているのは、リーマンショックを起こしたごく一部の方々だけで、そういう方々は羽振りが良くて頭は良さそうだけど何だか友達にはなりたくない、もちろん自分もそうはなりたくないと思う人が確実に増えて来ていた。そう思う人達が例外的にではなく社会的マスとして急速に存在感を増して来た観がある。

このような変化に気がついたことが、自分の中での〝正しいこと〟が変わるきっかけだったのだろうと思う。そして、では新しい時代における自分にとって二冊目の「新幸福論」を書きたいと思った。どう生きれば人は幸せになれるのか。人が幸せになることができる社会のしくみはどのようなものであるべきか。そのための政策は、そのためのアクションプランは……。ということをまとめようと思った。

そして考えてみて分かったことであるが、一九年前に書いた一冊目の「新幸福論」とは幸せに生きるためのテーマが全く逆になっていた。一冊目の「新幸福論」のサブタイトルは〝国富から個富へ〟である。一九年前は社会の中で自分が得ることのできる自由の大きさと人生の選択の幅の広さが、個人の幸福を決定する社会の条件であり、個人に求められるのは自分の幸福の形を見つけ出し、その形の実現を追求するための属人的資質や志向であった。

今回、私が辿り着いた結論は全く違うもので、むしろ十九年前とは逆である。個人というよりも社会を対象として考えるべきであり、重視すべきは明確な個性や強い指向性というよりも基本的な生活の安定である。そして、自分自身のアイデンティティへ向かう内向的な意識のベクトルではなく他者や社会へ向ける目線や気持ちが、現代の社会においては人々が幸せに生きていく上ではより重要に感じられたのだ。十九年の間に自分は個人主義的リベラリストから穏健な社会論主義者へと変身していた。

こうした価値観の転換が起きたのは、自分自身が馬齢を重ねたこともあろうが、それだけではない気もする。今だにシカゴ学派的なロジックは大好きである。II章でも書いたが、企業活動は市場メカニズムに委ねるべきだとの考えは変わっていない。ではあるべき社会の姿についての結論が、何故一八〇度も変わってしまったのだろうと落ち着いて分析してみて分かったのが、社会の成長フェーズが終わって成熟フェーズに入ってしまったという事実が全ての要因だということである。

政策のダッチロールも、経済政策の非効率も、官僚機構の不毛も、社会のしくみが成熟フェーズ向けにシフトチェンジできていないが故に発生しているのである。I章で成長フェーズが確かに終焉していることをややくどいほどに検証したのは、その証明が固まれば他のイシューは一直線に解決できるからである。「成長戦略なんて今さら無意味。成長神話から抜け出せていないのは自民党とメディアだけ。」とバッサリ断じておられた明晰な経済学者の方がいたが、もし世の中全体にこのコンセンサスが成立していたならばⅠ章は不要だったかもしれない。いずれにせよ、成長フェーズが終わり成熟フェーズに入ったというのは、日本にとって歴史的に初の経験である。社会のステージが成長段階から成熟段階にシフトし旧来のものが全て無効化したので、経済的に有効な政策も、生み出すべき価値も、政府の仕事も、幸せな社会のあり方と人々の生き方も、あるべき姿は全く違ったものになってしまったのだ。

で、そのことを成長フェーズの終焉の証明から始めて、経済政策の転換、実現のためのしくみと制度とステップバイステップで展開し、体系化したのが本書である。

ちなみに、本書の執筆に入る直前にさる思想家の方との対談があった。その方が対談の中で「日本の言論者はコンプリヘンシヴ（comprehensive：総括的に分かっていること）でない。だからスペシフィック（specific：局所的であること）な正しいことは言えても、社会のあるべき姿とか、時代が進むべき方向性を見定めることができない」とおっしゃったことが強く心に響いた。

コンプリヘンシヴに物事を把えるというのは、私としても昔から常に心がけていることである。経営コンサルティングを行う場合にも、コンプリヘンシヴであることは何よりも重要である。同じ会社の問題であっても営業的なスコープで見るのと、技術のスコープで分析するのと、人材の能力やモチベーションの観点からアプローチするのとでは、問題の原因は違ったものとして目に映るし、解決策も全く違ったものになる。そしてそうした別々のルートから複数出される解決策の有効性は、当然のことながら大きく違ったものになる。本当は営業戦略が悪いのに、売上げが伸びない原因は営業マンのスキル不足だと思い込んでしまうと、不毛なトレーニングや不幸な配置替えが提案されて、結局問題は解決されない。こうしたスジの悪いコンサルティングにならないようにするには、問題を総括的に解析することが必要なのである。私も良いコンサルティングができるようにと常にコンプリヘンシヴであろうとする姿勢を心がけて来たつもりである。

そのため、本書の執筆に当たっては、対象が政治とか行政機構とか国民意識といった極めて大きなテーマではあったものの、可能な限りコンプリヘンシヴな理解と分析を心がけた。優れた経営コンサルティングはコンプリヘンシヴに分析して、シンプル（simple：明快で）かつコンシステント（consistent：一貫性のある）な解決策を示すことである。従って分析は総括的に行った上で、これから日本がどういうヴィジョンを掲げ、どうやって達成していけば良いかという解決策については核心部分に絞り込んでシンプルかつコンシステントにまとめたつもりである。自分にとって十九年ぶりの社会論であり、しかも価値観と方法論について自分なりの転向があり、という私にとって意義深い一冊となった。

本書が形になったのは筑摩書房編集部の吉崎宏人氏のご示唆とご支援のおかげである。吉崎氏は企画の段階から執筆、校了まで本書のメッセージと方向性について多くのアドバイスを与えてくれるとともに、常に筆者を激励して下さった。この場で心から感謝申し上げたい。また本書はできるだけコンプリヘンシヴかつファクトベースであろうと心がけたこともあって、多種多様な資料とデータを収集・整理する作業を伴うことになったが、それらの膨大な作業を担当してくれたのは筆者事務所のアナリスト小倉みち子氏である。小倉氏の精力的で効率的な仕事にも敬意と感謝を表したい。

更に、本書執筆に際しては、膨大なデータと多数の参考資料を活用させて頂いた。本文内に使わせて頂いたデータや重要な示唆を頂いた参考資料は、参考文献として掲載し謝意を表する代わりとさせて頂いたが、掲載したもの以外にも本書は多数の先人の所産のお世話になっていることは申し上げるまでもない。

コンプリヘンシヴ、シンプル、コンシステントを心がけたために、複雑で広範囲のテーマを扱っているわりには分かり易い一冊としてまとめられたのではないかと思っている。一人でも多くの方に読んで頂けると幸甚である。

【参考資料】

「国民経済計算年報」（内閣府）
「国民生活に関する世論調査」（内閣府）
「国民生活白書　平成19年版」（内閣府）
「原子力白書　平成20年版」（内閣府）
「世界の統計２００９」（総務省）
「人口推計月報」（総務省）
「日本の統計２００９」（総務省）
「市町村数の推移グラフ」（総務省）
「地方公共団体の議会の議員及び長の所属党派別人員調等について」（総務省）
「公益法人白書　平成20年度版」（総務省）
「わが国税制・財政の現状全般に関する資料」（財務省）
「相続税、贈与税など（資産課税等）に関する資料」（財務省）
「債務管理リポート２００９」（財務省）
「国債借入金残高の種類別内訳の推移」（財務省）
「貿易統計」（財務省）
「特別会計のはなし平成21年版」（財務省）
「国際比較統計」（国際貿易投資研究所）
「労働経済白書　平成21年版」（厚生労働省）
「厚生労働白書　平成21年版」（厚生労働省）
「国民医療費」（厚生労働省　厚生労働統計）
「介護保険事業状況報告（平成19年度）」（厚生労働省　厚生労働統計）
「社会福祉行政業務報告（平成20年度）」（厚生労働省　厚生労働統計）

「医療施設調査・病院報告（平成20年）」（厚生労働省　厚生労働統計）
「医師・歯科医師・薬剤師調査（平成20年）」（厚生労働省　厚生労働統計）
「介護サービス施設・事業所調査結果（平成20年）」（厚生労働省　厚生労働統計）
「労働生産性の国際比較２００９年版」（日本生産性本部）
「社会保障統計年報」（国立社会保障・人口問題研究所）
「日本の将来推計人口」（国立社会保障・人口問題研究所）
「国際労働比較」（労働政策研究・研修機構）
「平成16年度版日本の水資源」（国土交通省）
「一般職の国家公務員の任用状況調査」（人事院）
「公務員白書　平成20年度版」（人事院）
「営利企業への就職の承認に関する年次報告（平成20年）」（人事院）
「司法統計年報（平成20年度）」（最高裁判所）
「生活保護法改正要綱案」（日本弁護士連合会）
「世界の原子力発電開発の現状」（日本原子力発電協会）
「世界電気自動車市場調査」（富士経済）
「共同通信世論調査」（共同通信）
杉並区長山田宏公式ホームページ
「Financial Trends（２００５年7月5日）」（第一生命経済研究所）
「国際競争力ランキング」（IMD 国際経営開発研究所）
「世界人口推計報告書」（国際連合）
「Stat Extracts」（OECD）
「Economic Outlook」（OECD）
「Fact Book 2006」（OECD）
「Growing Unequal?」（OECD）

「Health Data 2009」（OECD）
「図表でみる教育２００９」（OECD）
「世界価値観調査」（米ミシガン大ロナルド・イングルハート）
「世界幸福度ランキング」（英レンスター大エードリアン・ホワイト）
「What the World Thinks in 2007」（The Pew Global Attitudes Project）

【参考文献】

『亡国予算』北沢栄（実業之日本社）
『日本国の正体』長谷川幸洋（講談社）
『格差社会論はウソである』増田悦佐（ＰＨＰ研究所）
『民主党政治の正体』渡辺喜美（角川ＳＳコミュニケーションズ）
『日本はなぜ貧しい人が多いのか』原田泰（新潮選書）
『資本主義はどこへ行くのか』滝川好夫（ＰＨＰ研究所）
『下り坂社会を生きる』島田裕巳、小幡績（宝島社新書）
『マスコミは、もはや政治を語れない』佐々木俊尚（講談社）
『日本の論点２０１０』（文藝春秋）
「週刊ダイアモンド　２００９年４月18日号」（ダイアモンド社）
「週刊ポスト　２００９年10月15日号」（小学館）
「週刊朝日　２０１０年２月12日号」（朝日新聞出版）
「朝日新聞　２００８年10月６日」（朝日新聞社）
「産経新聞　２０１０年１月４日」（産経新聞社）
「公明新聞　２０１０年３月27日」（公明党）

ちくま新書
847

成熟日本《せいじゅくにほん》への進路《しんろ》
――「成長論《せいちょうろん》」から「分配論《ぶんぱいろん》」へ

二〇一〇年六月一〇日　第一刷発行

著者　波頭亮（はとう・りょう）
発行者　菊池明郎
発行所　株式会社　筑摩書房
東京都台東区蔵前二-五-三　郵便番号一一一-八七五五
振替〇〇一六〇-八-四一二三
装幀者　間村俊一
印刷・製本　三松堂印刷　株式会社

乱丁・落丁本の場合は、左記宛に御送付下さい。
送料小社負担でお取り替えいたします。
ご注文・お問い合わせも左記へお願いいたします。
〒三三一-八五〇七　さいたま市北区櫛引町二-六〇四
筑摩書房サービスセンター
電話〇四八-六五一-〇〇五三
© HATOH RYO　Printed in Japan
ISBN978-4-480-06556-8 C023

ちくま新書

629
プロフェッショナル原論
波頭亮
複雑化するビジネス分野でプロフェッショナルの重要性は増す一方だが、倫理観を欠いた者も現れてきている。今こそその〝あるべき姿〟のとらえなおしが必要だ！

761
まじめの崩壊
和田秀樹
日本人はもはや、まじめな国民ではない。そのため、まじめに支えられた仕組みがあちこちで破綻している。危険な将来を予測し、いまこそ、その再建を訴えかける。

707
思考の補助線
茂木健一郎
自然科学の知見と私たちの切実な人生観・価値観との間に補助線を引くと、世界の見え方はどう変わるだろうか。この世の不思議をより深く問い続けるためのヒント。

606
持続可能な福祉社会
――「もうひとつの日本」の構想
広井良典
誰もが共通のスタートラインに立つにはどんな制度が必要か。個人の生活保障や分配の公正が実現され環境制約とも両立する、持続可能な福祉社会を具体的に構想する。

536
社会保障を問いなおす
――年金・医療・少子化対策
中垣陽子
少子高齢化が進むわが国で、「破綻せず」「皆が納得できる」社会保障制度を構築するにはどうしたらいいのか。具体的なビジョンを示し、制度の全体像を描き出す。

477
地方は変われるか
――ポスト市町村合併
佐々木信夫
「地方」が主役の政治・行政の実現には、「市町村合併」が大きなチャンスを与えてくれる！　具体的なケースを題材にして、これからの地方のビジョンを示す。

775
雇用はなぜ壊れたのか
――会社の論理vs.労働者の論理
大内伸哉
社会を安定させるために「労働」はどうあるべきか？セクハラ、残業、労働組合、派遣労働、正社員解雇など、雇用社会の根本に関わる11のテーマについて考える。